世界热点
怎么看
2016

当代世界研究中心　著

党建读物出版社

图书在版编目（CIP）数据

世界热点怎么看．2016／当代世界研究中心著．—北京：党建读物出版社，2016.7
ISBN 978－7－5099－0757－3

Ⅰ.①世… Ⅱ.①当… Ⅲ.①国际问题—研究—2016 Ⅳ.①D815

中国版本图书馆 CIP 数据核字 (2016) 第 141383 号

世界热点怎么看

SHIJIE REDIAN ZENME KAN

（2016）

当代世界研究中心 著

责任编辑：季利清

责任校对：张学民

装帧设计：嘉信一丁

出版发行：党建读物出版社

地 址：北京市西城区南横东街 6 号（邮编：100052）

网 址：http://www.djcb71.com

电 话：010－58587632／7681

经 销：新华书店

印 刷：北京尚唐印刷包装有限公司

印 数：1—30000

2016 年 7 月第 1 版 2016 年 7 月第 1 次印刷

710 毫米 ×1000 毫米 16 开本 11.5 印张 149 千字

ISBN 978－7－5099－0757－3 定价：40.00 元

目　录

美国自2010年提出“亚太再平衡”战略以来，一改在南海问题上的立场，以所谓“维护南海航行自由”为借口加大介入南海问题力度，使有关南海争议激化，导致该地区局势风急浪高，地缘政治竞争加剧。

2015年，是抗日战争胜利70周年、中国被迫签订“二十一条”100周年、中日甲午战争120周年，也是《马关条约》签订120周年。在这一年里，中国人民纪念了抗日战争胜利70周年，日本首相安倍晋三发表了“战后70周年谈话”。中日两国试图缓和关系，然而安倍内阁一意孤行，促成新安保法案，与美国共同发布新版《日美防卫合作指针》，在南海等中国周边问题上更是动作频频。该如何评价过去这一年日本内政外交的举措？中日关系又将走向何方？

2016年1月6日上午，年过七旬的著名朝鲜主播李春姬激情慷慨地播报称，朝鲜第一颗氢弹试验成功。朝鲜再次让世界震惊，半岛核问题也再次成为世界的焦点。

中东地区从来不缺“戏”。2016年新年伊始，沙特和伊朗上演“断交记”，拉开了中东地区竞合舞台的大幕。对以敌视为关系底色的两国而言，断交并未越出多数观察家的推理范围。但对2016年初，两国关系出现断崖式直跌，还是有些许意料之外。

联合国近期公布了一组乌克兰国内冲突人员伤亡数字：截至2016年3月1日，乌克兰在两年冲突期间总计伤亡30272人，其中9187人遇难。这一冰冷数字的背后，是乌克兰危机引发的深度地缘政治震荡，它对欧亚大陆战略格局重塑造成了重大影响。

2015年11月13日晚，法国巴黎市区发生系列恐怖袭击，132人死亡，300多人受伤。极端组织“伊斯兰国”随即宣称对此负责。这个组织从何而来？未来又会走向何方？

几经周折，2015年11月的巴黎气候峰会避免了流产的风险。大是大非面前，国际社会最终携手，通过了《巴黎协定》，推动全球气候治理向前发展。然而，一分部署，九分落实。《巴黎协定》只是确立了方向，未来能否转化为实际行动，让人类赖以生存的地球家园变得宜居，正考验着各国智慧。

2016年9月，二十国集团（G20）领导人将在中国杭州聚首，这是中国首次主办这一国际重要峰会。作为当今世界经济治理的首要平台，中国主办G20峰会，无论是对于自身发展，还是对于整个世界经济和全球治理，都具有非常重大的意义。

万物互联、“大智移云”（大数据、智能化、移动性和云计算）已经成为这个时代新的代名词。人们徜徉在网络的世界里，享受着互联网给生活带来的各种便利。然而，与网络越是亲密，我们越有可能深受其害。

1957 年，苏联将首颗人造卫星发射升空，揭开了人类进军太空的序幕。此后，太空成了大国比拼的竞技场，各种新式的装备层出不穷。曾经沉寂亿万年的太空，变得愈发热闹起来。有外国媒体称，一场惊心动魄的星球大战正在上演。

2015 年世界经济中最受关注的，莫过于国际大宗商品的价格暴跌。产能过剩、美元升值、预期变化以及地缘政治博弈等因素也成为市场震荡背后的“推手”。如何保持成本与收益之间相对的平衡，对大多数国家而言都是一个难题。

2016 年 3 月，俄罗斯在北极地区进行近 25 年来最大规模的核潜艇导弹试射。美国、挪威、英国等国军队 3 月 5 日起在北极地区进行为期 5 周的海上军演。美军和北约部队在位于挪威的北极圈内地区刚刚结束一场名为“寒冷反应”的军演，演习投入的兵力多达 1.5 万。各国“你方唱罢我登场”，北极地区的博弈究竟何去何从?

1

群雄逐鹿落谁手

——怎么看 2016 年美国总统大选

美国总统被认为是“世界上最有权力的人”，在竞逐总统的大选中，历来是“大人物”主导。然而，唐纳德·特朗普、伯纳德·桑德斯等名不见经传的“小人物”，却着实给 2016 年美国大选带来了一股出人意料的政治旋风，引发美国和国际舆论的震动。从中能看出美国政治风向的哪些变化？

“小人物”引发大风暴

美国政治实行的是两党制，无论是民主党还是共和党都需要经过党内初选，最终提名一位候选人参加最后阶段的总统大选。也有人试图以“独立人士”身份参加大选，但至今都没有成功案例，而他们往往会成为“搅局者”，分散两个主要党派的选票。翻看 2016 年参加民主党、共和党党内初选的名单，其中不乏声名显赫的人物。民主党的希拉里·克林顿毕业于耶鲁大学法学院，是前总统比尔·克林顿（1993—2001 年在任）的夫人，曾参加 2008 年的总统大选，最后出任奥巴马政府的国务卿。在行政部门中，国务卿这一职位的重要性仅次于总统和副总统。共和党方面，杰布·布什来自于大名鼎鼎的布什家族，他的父亲是曾经发动海湾战争的老布什总统（1989—

1992 年在任），而他的哥哥则是那位发动“阿富汗战争”“伊拉克战争”的小布什总统（2001—2009 年在任）；杰布·布什本人也曾担任佛罗里达州州长等重要职务。

然而，在 2016 年大选中，这些出身名门望族、拥有光鲜履历的“大人物”却遭遇了来自“小人物”的有力冲击，不仅他们自己始料未及，也让世界“倒吸一口凉气”。2016 年 2 月 1 日，党内初选在艾奥瓦州拉开帷幕，要通过在各州举行的党团会议最终决定由谁来代表本党参加总统大选，也被称为预选。结果，希拉里在该州预选中得票率 49.8%，险胜桑德斯的 49.6%，这是该州党团会议史上差距最小的一次。此后，桑德斯又在新罕布什尔州、缅因州等地击败希拉里，在预选中显露出巨大优势。这位桑德斯先生今年 75 岁，1941 年出生在纽约，是波兰犹太移民的后裔，后来移居美国“偏远省份”佛蒙特州。桑德斯在年轻时当过木匠和记者，没有什么政治家族的背景，曾经三次参选州长均告落败。他目前是来自佛蒙特州的联邦参议员，此前以“独立人士”身份担任过八年的众议员。桑德斯现在以民主党人的身份参选，但他在民主党内却称得上是一个“异类”，他多年以来都自称是“民主社会主义者”。

❖ 2016 年 4 月 14 日，美国纽约，民主党总统候选人希拉里和桑德斯就枪支、最低工资、华尔街等问题展开激烈辩论。

比起希拉里，杰布·布什就更惨了！美国当地时间2月20日，杰布正式宣布退出2016年美国总统大选。杰布·布什说："今晚，我宣布放弃竞选美国总统，但我仍就为这一次的竞选活动感到骄傲。"说到这里，杰布·布什强忍住了泪水。到底是什么人抢走了杰布的风头呢？毫无疑问，在共和党内，现在最让人大跌眼镜的候选人就是唐纳德·特朗普了。

特朗普1946年出生于纽约，从小就很有经商头脑，后来成为美国最具知名度的地产商人之一，坐拥纽约、新泽西州、佛罗里达州等多地的黄金地产，还涉足娱乐业、体育业等，目前拥有100多亿美元的资产，是一个不折不扣的大富豪。特朗普一直非常高调，善于自我包装，他所写的书《做生意的艺术》《回归的艺术》等都是《纽约时报》评出的最畅销书籍，《飞黄腾达》则是一部为他量身打造的真人秀节目，吸引了很多"想做唐纳德"的人参与，在美国颇为流行。特朗普此前也支持了不少政治人物，但直到2015年6月才决定亲自披挂上阵，以共和党人身份参加总统大选，并提出了"让美国再次强大起来"的竞选口号。截至2016年3月，特朗普在内华达州、密歇根州、密西西比州等赢得了预选胜利，并在阿拉巴马州、阿肯色州、马萨诸塞州等占据领先优势。有评论认为，作为一个毫无从政经验的人，在短短几个月内，特朗普已经成功地从一个"真人秀人物"成为"白宫的有力争夺者"。

的确，与那些谨言慎行的候选人不同，特朗普是个"暴脾气"，口无遮拦、"雷人"之语不断。他在竞选中表示，要在美国和墨西哥的边境修一堵巨大的墙挡住外来移民，扬言禁止穆斯林进入美国，赞同对恐怖主义嫌疑人实施酷刑，并称要杀死恐怖主义分子的家人。此外，特朗普还对俄罗斯总统普京表示赞赏，要求美国的亲密盟友日本向美国支付"保护费"。这些充斥着种族主义、排外主义的言论，无疑已经跨越了美国政治生活中的红线，让很多人从一开始就认为特朗普是一位不靠谱的参选人。

❖ 2016 年 4 月 19 日，美国纽约，共和党总统候选人特朗普在特朗普大楼对支持者讲话。

然而，特朗普却出乎意料地在预选中连连获胜，这让舆论一片哗然，共和党内也掀起了“阻击特朗普”的行动。共和党的另一位重要候选人罗姆尼激烈批评特朗普，说他是“骗子、欺诈者”，“把美国人当傻子”。2016 年 3 月初，60 位共和党籍的前高官和政界大佬公开发表联名信，反对共和党提名特朗普为总统候选人，他们警告“如果这样做，党将不党、国将不国”。美国前常务副国务卿、世界银行前行长罗伯特·佐利克等联署者在信中表示，“一旦（特朗普）当选总统，他会滥用职权并将美国带入更为缺乏安全的境地，并且损害我们在世界中的地位。”美国中央情报局前局长、军界大佬迈克尔·海登则称，如果特朗普真的当选总统，美国军界有可能会拒绝执行他的命令。而很多美国民众表示，如果特朗普当选美国总统，他们就会选择离开美国，“移民加拿大”。

截至 2016 年 5 月底，虽然特朗普已基本锁定共和党总统候选人提名，但他被认为是历史上最不受欢迎的候选人。希拉里也仍在苦战，桑德斯或将利用“电邮门”丑闻对希拉里亮出“大招儿”。5 月 29 日，美国自由党宣布推选前新墨西哥州州长加里 · 约翰逊担任本党总统候选人。2016 年美国总统大选可谓更加充满“戏剧性”！

选民怒撕美国

面对 2016 年美国大选呈现的“反常态”，人们不禁要问，为什么特朗普这样的人物会在美国总统大选中“异军突起”呢？简单来说，这既是美国党派政治畸形发展的产物，也是美国经济和社会困局进一步深化的结果。

对于“特朗普现象”，美国参议院民主党领袖里德毫不客气地指出，特朗普是共和党反对奥巴马政府所有重大举措造就的“怪物”，对此共和党只能咎由自取。里德表示，从 2009 年奥巴马开始担任总统以来，共和党就认为奥巴马是一位“不合法的”总统。为了给奥巴马政府制造麻烦，共和党在七年里，催生了一些美国“最黑暗的力量”，造就了当前的“特朗普现象”。里德还警告说，如果共和党不能阻止特朗普，共和党将进一步分裂。

在奥巴马当政的过去几年里，美国的政党政治出现了空前的“极化”现象。“极化”，简而言之就是左的太左、右的太右，难以相互妥协，难以形成政策共识。奥巴马自 2009 年上台执政以来，想要推进的国内变革可谓举步维艰，共和党方面几乎对奥巴马的任何一项改革议程都给予强烈反对。不仅移民、税收等方面的改革难以展开，医保方面的改革成果也面临被推翻的危险。在外交政策上，共和党一直指责奥巴马政府太软弱，破坏了美国的全球领导地位，让美国在世界上变得“更加不安全”。共和党的重要政治人物拼命攻击奥巴马本人，说他是一个“非法掠夺者”，是一位“道歉总统”“投降司令”，甚至还有人称奥巴马其实是一个“穆斯林”。近年来，在国会中共和党议员占大多数，这种情况加大了奥巴马政府的施政难度，奥巴马成了一只权力有限的“跛脚鸭”。对美国两党议员的“恶斗”，英国《经济学人》杂志评论称，美国国会的口水仗不少，但议案产出率却是 1947 年以来最低的，美国普通民众对国会的信任率仅为 7%。

“特朗普现象”实际上是前些年“茶党”势力在美国崛起的一种延伸。“茶党”的成员主要是共和党内极端保守、极端强硬的一部分人，他们掀起的右翼民粹主义的草根运动，其支持者在全美国一度高达 800 万，这些人大多是保守的白人中产阶级。为了应对 2008 年以来的金融危机，奥巴马政府加大了对经济活动的干预，增加了对基础设施建设和社会保障领域的政府支出。这些举措被共和党的极端势力攻击为“搞社会主义”，他们主张削减财政支出、给富人减税，强烈反对“大政府”。而特朗普在维护白人群体利益方面可谓更进一步，他不仅争取到白人中产阶级的支持，还成功地迎合白人工人阶级的诉求。“茶党”领袖、阿拉斯加州前州长萨拉·佩林等人对特朗普给予了毫无保留的支持。在党派政治的影响下，特朗普与奥巴马之间形成了一种鲜明对比：奥巴马平和，特朗普暴戾；奥巴马低调，特朗普夸夸其谈；奥巴马是黑人政治活动家，特朗普是白人富豪。

无疑，美国这种日益“极化”的党派政治有着非常复杂的社会背景，这是助推“特朗普现象”的更深层次原因。选民支持特朗普的直接原因是对现状不满，一种深切的愤怒情绪驱使他们向特朗普靠近，并通过这种方式发泄心中的怒火。过去几年，从经济数据上看美国的经济形势在好转，如失业率从 2010 年的 10% 降到现在的 5% 左右，但是很多民众认为这不过是一种“无感的复苏”，他们对自己、家人乃至整个国家的未来感到不确定。2015 年 8 月，美国拉斯穆森国家研究中心发布的民意调查数据显示，有 66% 的美国人认为美国正朝着错误的方向行进。美国的社会不平等问题仍在进一步恶化。根据美国皮尤研究中心的报告，美国的中产阶级正在萎缩，高收入和低收入美国家庭的数量已经远远超过了中等收入家庭，中等收入家庭自 20 世纪 70 年代以来首次成为美国的少数家庭。据调查，最愤怒和悲观的恰恰是年收入在 5 万—7.49 万美元之间的中等收入家庭。他们认为，自己的下一代要比自己的生活还要差劲，“美国梦，或者说他们眼中的美国梦已经破灭”。

与此同时，普通美国民众也对自己的安全状况感到焦虑，很多人认为奥巴马政府过于软弱，无力应对“伊斯兰国”等新的恐怖主义势力威胁。在这种情况下，特朗普关于“把‘伊斯兰国’彻底炸飞”“对恐怖分子采取更残忍的刑罚”等主张为他赢得了大量的选票。他还说，美国应当禁止穆斯林进入，需要应对墨西哥移民的“入侵”；美国应当从欧洲和日本撤军，以便更好地保护美国本土。对于很多普通美国人来说，虽然特朗普的这些主张听上去有些“疯狂”，但却是直截了当的，让人很是“解气”。选民需要像特朗普这样的人物，把他们心中深藏的焦虑、不安、愤怒、不满一股脑儿地发泄出来。在这种情况下，即便特朗普经常口出狂言，但不少人认为这是“可以饶恕的”失态行为。

与特朗普类似，桑德斯也具有这样一种迎合普通美国人诉求的能力。与希拉里所代表的民主党精英阶层不同，桑德斯的支持者主要是拉美裔年轻人、女性劳动者和底层工人阶级。桑德斯从不掩饰自己对华尔街富人的反感，声称美国资本主义欺骗了 99% 的美国人。2008 年他反对美国政府注资拯救银行业的法案，2010 年他在国会发表了超过八小时的演讲反对税改法案，认为新税制将扩大贫富差距，这让他成为替草根发声的英雄人物。在此次竞选中，桑德斯称，应该调高劳动者的最低薪资；他还提出了高等教育免费计划和免除学生债务等主张，这让很多底层劳动者和年轻学生叫好。竞选美国总统是一件“烧钱”的事情，但桑德斯却拒绝接受大财团、大企业、大商人的资助，在他筹得的竞选基金中有超过 80% 属于 200 美元以下的小额捐款。显然，桑德斯这种“特立独行”为他赢得了相当多选民的支持。

美国政治向“右”转

2016年3月初，纽约前市长、现年74岁的传媒大亨迈克尔·布隆伯格正式宣布，决定不以独立候选人的身份参加2016年美国总统大选。布隆伯格在其就决定退选发表的公开信中称，“美国民众正面临着维护我们共同价值观与民族希望的严峻挑战”，“特朗普在选举中利用人们的偏见与恐惧，给美国社会造成的分裂与破坏是我所未曾见过的”。他警告说，“在美国历史上，民主、共和两党所提名的竞争人选都接近并崛起于美国的权力中心。但这一传统可能即将被打破，极端势力正在抬头，除非我们出手阻拦，否则美国在海内外遭遇的问题会更加严重”。显然，他的退选，一是感到自己几乎没有获胜的希望，二是担心自己参选后会分流部分选票，导致共和党的特朗普最终当选总统。实际上，布隆伯格和特朗普曾经是好朋友，他还多次参加《飞黄腾达》节目，给特朗普捧场。

布隆伯格在美国人气颇高，他的退选以及这封退选声明在美国引起巨大震动，至少表明特朗普当选美国总统不再是“天方夜谭”了，特朗普所代表的右翼民粹主义思想已经捕获了很多美国人。如果我们把目光从美国移向欧洲就会发现，欧洲国家的右翼民粹主义政治势力也在坐大。2015年，在法国地方选举首轮投票中，主张反移民、反欧洲一体化政策的“国民阵线”在本土12个大区中的6个得票均领先其他政党，在不少大区得票率超过40%，特别是吸引了大量年轻选民。法国舆论纷纷用“冲击”“惊雷”来描述“国民阵线”在此次选举中的崛起。当法国政坛面临右翼民粹主义政党冲击之时，德国也出现了类似动向。近期民调结果显示，支持反移民、反欧元等政策的“德国选择党”（AfD）支持率已升至近10%。

实际上，除了法国的“国民阵线”和“德国选择党”，近年来，英国“独立党”、丹麦“人民党”、芬兰“正统芬兰人党”等右翼民粹主义政党，纷纷在各国选举中有所斩获，有的甚至占据本国议会的第二大党交椅。与此同时，欧洲的很多传统大党却在不断遭到削弱。欧洲的政治图景正在发生重要变化，右翼民粹主义思潮正在欧洲大陆蔓延，这一进程或许还将加快。这些右翼民粹主义政党通常具有“反精英”“反主流”姿态以及高度的民族主义和排外倾向，主张建立族群、血统、文化意义上的“同质社会”，将矛头指向少数族群、非主流的宗教信徒以及外来移民，把后者视为本国经济社会和政治危机的根源。与此同时，这些政党也普遍具有疑欧倾向，甚至是公开反对欧洲一体化。

❖ 2014 年 11 月 30 日，法国里昂，极右政党“国民阵线”领袖马琳・勒庞获得连任。

应当说，右翼民粹主义政党之所以加快崛起，主要是因为欧洲国家普通民众在经济和社会方面的不安全感日益上升。右翼民粹主义政党最核心的策略就是利用甚至是操纵民众的恐惧。而眼下，在欧债危机、难民危机、乌克兰危机等多重危机的冲击之下，弥漫在欧洲社会之中的不安全感正在加剧。加之，很多传统大党的国内政策出现严重失误，执政表现不佳，被右翼民粹主义政党讥讽为腐败、无能而又冷漠的“政治精英”。在这种情况下，欧洲右翼民粹主义政党得以不断壮大，甚至在 2014 年的欧洲议会选举中，成功挑战了传统主流政党，在布鲁塞尔“登堂入室”，“打着红旗反红旗”，利用欧盟的机制、平台和欧洲议员津贴宣扬其反对欧洲一体化的政策主张，在移民政策等方面影响欧盟的议程设置。而这也有利于右翼民粹主义政党在国内捞取政治资本，加大争取选民。

"特朗普现象"和欧洲右翼民粹主义政党的崛起表明，美欧等西方国家的国内政治正在发生深刻的变革，很多西方学者认为这实际上是一种"制度危机""民主危机"。1989 年夏，苏联正式解体前夕，美国政治学者弗朗西斯·福山在《历史的终结与最后一人》一书中宣称：人类意识形态演变的终点是"西方自由民主的普遍化，这是人类政府的最终形式"，此所谓"历史的终结"。这部著作令福山声名鹊起。而在 2014 年，福山出版了《政治秩序与政治衰败》一书，旨在对金融危机后美国乃至西方面临的制度危机进行思考。英国人、哈佛大学历史系和商学院讲席教授尼尔·弗格森被认为是西方最有影响力的学者之一。他在 2014 年出版了《大退化：制度如何衰败以及经济如何衰亡》一书，力图探讨西方世界究竟出了什么问题，支撑西方文明的制度支柱为什么会失效。弗格森在该书中将西方现代政治体制的四个"黑盒子"逐一打开,对"民主""资本主义""法治"和"公民社会"进行深入剖析，以历史学家的锐利视角，讲述了过去数十年来这些制度的退化。

在政治体制功能失调的情况下，贫富差距扩大、中产阶级萎缩成为西方国家普遍面临的重大挑战。正如法国经济学家皮凯蒂在《21 世纪资本论》中所批评的，"资产拥有者越来越富裕，与无产者之间的差距越拉越大"，"财富和贫困变成了一种世袭"。美国前财长萨默斯称，对于发达国家来说，通缩、经济停滞和不平等状况加剧是实实在在的问题，经济繁荣远不是包容性的，必须集中精力扶持中产阶级，提升工薪家庭的工资和生活水平。美联储主席耶伦也罕见地就美国的政治问题发声，她警告，美国经济虽看似稳步复苏，但美国普通民众的生活水平依然低迷，贫富差距日益扩大，这对"机会均等"等美国传统价值观带来巨大冲击。

英国《金融时报》资深专栏作家吉迪恩·拉赫曼在2015年1月发表的评论中指出，“过去几年中，西方在冷战后支撑世界的三个领域都失去了信心，即市场、民主和美国的权力”。毫无疑问，政治“奇葩”特朗普或许最终无法成为美国总统，但他也会被认为已经在2016年总统大选中取得“大胜”，他所代表的右翼民粹主义政治思潮值得警惕，美欧国家内部政治风向的变化应当引起我们更多的思考。

2

新仇宿怨难分解

——怎么看俄罗斯与土耳其的关系

2015 年 11 月 24 日，正在执行打击叙利亚境内恐怖极端势力的一架俄罗斯战机被土耳其空军击落。消息一出，举世震惊。土耳其与俄罗斯有多大的冤仇，竟发生这样重大的事件？俄土关系未来将如何发展？

俄帮叙当局　土耳其不高兴

事情还得从俄罗斯帮助叙利亚巴沙尔政府打击其境内的恐怖主义势力说起。2010 年 12 月，在突尼斯境内爆发了所谓的“阿拉伯之春”，事件导致突尼斯本 · 阿里政权倒台。局势很快蔓延到埃及，2011 年 1 月，埃及首都开罗爆发示威游行活动，埃及总统穆巴拉克同年 2 月被迫辞去总统职务。随后是利比亚，2011 年 10 月 20 日，其最高领导人卡扎菲被反政府势力打死。2011 年 3 月，这股反政府浪潮波及叙利亚，大规模示威游行在叙利亚展开，叙利亚军队与民众发生流血冲突，造成十几人伤亡，情况不断恶化，由此在叙利亚拉开了长达五年多的内战。

俄罗斯在叙利亚有传统利益，苏联时期，叙利亚阿萨德当局就是苏联在中东的盟友。叙利亚在地中海的港口塔尔图斯港是苏联在该地区的最大军港，它保证进入地中海的苏联黑海舰队在其他大洋的补给，是苏联在中东的重要立足点。苏联解体使俄罗斯在国外的驻军大为减少，但是，俄罗斯依然保持在塔尔图斯港的存在，保证驻扎在塞尔斯托波尔港的黑海舰队经过土耳其的博斯普鲁斯，进入地中海的“叙利亚快道”。不仅如此，塔尔图斯一直是俄罗斯与叙利亚军火交易的重要据点，成为俄罗斯与叙利亚当局保持良好关系的纽带。

2013 年 8 月 21 日，叙利亚反对派称遭当局化武袭击，造成 1300 人死亡，要求西方干预。以美国为首的西方强烈谴责叙利亚当局，指责叙利亚当局已经越过了美国设置的不得对公民使用化学武器的“红线”。美国声称根据情报已经确定巴沙尔政府是事件的罪魁祸首，宣布 29 日小范围对叙利亚进行为期 3 天的导弹打击。正是由于这样的关系，俄罗斯对此坚决反对，同时俄罗斯和伊朗的官方媒体称，得到了反对派对无辜平民使用化学武器的证据，并开展积极的外交斡旋努力。9 月 9 日，俄罗斯外长拉夫罗夫与到访莫斯科的叙利亚外交部长穆阿利姆会谈，希望叙利亚政府交出化学武器，在国际监督下逐步销毁，并加入《禁止化学武器公约》。叙利亚立即做出积极回应，表示欢迎俄罗斯的建议。9 月 27 日晚，联合国安理会一致通过一项有关叙利亚化学武器问题的决议。外界评论说，俄罗斯的这个倡议为“奥巴马轰轰作响的开向叙利亚的战机轻轻地踩了一脚刹车”，拔掉了美国发动对叙利亚战争的引信。显然，俄罗斯此举对叙利亚免遭美国和西方的军事打击发挥了力挽狂澜的作用，俄罗斯自然获得巴沙尔当局的信赖。

土耳其与叙利亚是邻国，叙利亚也曾是奥斯曼土耳其帝国的组成部分。土耳其现任总统埃尔多安于 2002 年大选获胜后，2003 年出任土耳其总理。1999 年和 2001 年，土耳其经历两次经济危机，通货膨胀率近 40%。埃尔多安上台后，成功地将土耳其通货膨胀率控制在 5%—8%，GDP 年均增长率达到 7.3%，2003—2011 年，人均产值从 2500 美元增加到 10522 美元，成为世界重要经济体之一，被列为重要新兴市场经济国家，这使土耳其成为地区大国的雄心也急剧膨胀。

巴沙尔 2000 年继任叙利亚总统之后，土耳其与叙利亚的关系得到发展和改善，两国政治、经济和军事领域的合作渐入佳境。2004 年，巴沙尔访问土耳其，此为 68 年来叙利亚总统首次对该国访问，巴沙尔全家在土耳其疗养胜地博得鲁姆度假，埃尔多安一家全程陪同，两国亲密程度可见一斑。叙利亚与土耳其间的双边贸易额随之急剧攀升，2003 年为 8 亿多美元，2010 年则升到 18.4 亿美元；到访土耳其的叙利亚游客数量也大幅增长，从 2003 年的 15.4 万人上升至 2010 年的 50 万人。2000 年 9 月，叙利亚与土耳其军方成立了双边沟通协调司令部，签署了《安全协议》和《培训合作框架协议》，两军关系达到新水平。

然而，天有不测风云。2010 年爆发的“阿拉伯之春”使土耳其与叙利亚的友谊小船说翻就翻。2012 年 8 月，土耳其外长达武特奥卢访问叙利亚与巴沙尔会谈之后，土耳其宣称“对叙利亚政府失去了信任”。土耳其公开支持叙利亚反对派，并与地区国家沙特阿拉伯一道，采取同美国等西方国家一致的立场，坚决要求巴沙尔下台，土叙关系彻底决裂。所以，土耳其在对叙利亚当局采取一系列反制措施：在土叙边境设立难民营，为反对派提供“根据地”；组织“叙利亚之友”国际会议，承认“叙利亚全国委员会”为叙利亚人民唯一合法代表；向叙利亚反对派运送武器，等等。

与此同时，俄罗斯继续对巴沙尔当局予以支持，引起土耳其不满，并公开表达出来。2012 年 10 月，一架从莫斯科飞往大马士革的民航客机遭到土耳其军方出动 F-16 战机的拦截，迫降到土耳其境内的机场。土耳其总理埃尔多安亲自出面，强调被拦截的客机上载有俄罗斯向叙利亚提供的军火。美国国务院发言人纽兰强调，“我们强烈支持土耳其政府检查飞机的决定。”而俄罗斯愤怒地指出，这种

❖ 2015 年 11 月 24 日，土耳其安卡拉，土耳其总统埃尔多安发表讲话称，击落侵犯其领空的俄军苏 -24 飞机合乎规则。

“拦截客机是一种侵略俄罗斯和叙利亚主权的行为，这等于向俄罗斯脸上吐痰”，要求对土耳其做出强力回应。2015 年 11 月 24 日发生土耳其军机击落俄罗斯军机，则是这一过程的升级而已。

宿怨加新仇　土俄反目斗

冰冻三尺，非一日之寒。土耳其与俄罗斯关系走到这一步，并非从今天的叙利亚局势开启。

土耳其的前身是奥斯曼土耳其帝国，国力鼎盛时，领土跨欧亚非三大洲，占有东南欧、巴尔干半岛、中东西部及北非之大部分领土，西及阿尔及利亚，东抵美索不达米亚及波斯湾，北及今之匈牙利和斯洛文尼亚，南及今之苏丹与也门，控制欧、亚、非三大洲的交通要冲。而俄罗斯的莫斯科大公伊凡四世于 1566 年南下吞并了以鞑靼人为主的阿斯特拉罕汗国后逼近黑海，寻找出海口成为俄罗斯历代沙皇不变的战略选择。

1568—1570 年间，俄罗斯与土耳其发生了第一次冲突。当时在位的奥斯曼帝国苏丹塞利姆二世察觉到俄罗斯人南下的危险，以保护当地鞑靼人免遭俄罗斯侵略为由，北上克里米亚，进入乌克兰，准备对抗俄罗斯人。但由于奥斯曼军队久攻俄罗斯不下，加上冬季气候恶劣，俄土冲突以缔结条约结束。

此后，沙皇俄国与奥斯曼土耳其发生十多次战争。1678—1681年，俄土发生第一次战争，此战基本上发生在现在的乌克兰境内。战争持续五年，双方规定第聂伯河左岸归沙皇俄国控制，第聂伯河右岸则控制在奥斯曼帝国手里。第二次俄土战争，亚速归俄国控制，奥斯曼帝国默认俄国在亚速海沿岸建造军事设施，沙俄正式踏足黑海。第三次俄土战争于1709—1711年进行，沙皇战败，亚速重归奥斯曼帝国统治，沙皇势力退出黑海。1735年，沙俄以克里米亚的鞑靼人袭击乌克兰和高加索为借口，对奥斯曼土耳其开战，亚速再次归俄国所有。

1768—1774年，沙俄与奥斯曼帝国进行第五次战争，土耳其大败，沙俄获得了第聂伯河和南布格河之间的地区和刻赤海峡，打通了梦寐以求的黑海出海口。目前俄罗斯与乌克兰发生争端的克里米亚汗国此战后宣告“独立”，1783年被并入俄国版图。此后从1787年到1829年，沙俄与奥斯曼帝国连续发生第六、第七、第八次战争，都是沙俄获胜，沙俄获得多瑙河口及附近岛屿、黑海东岸地区，奥斯曼帝国承认整个格鲁吉亚并入俄国，赔偿沙俄1000万荷兰盾。1853—1856年，俄土发生第九次战争，由于英、法与土耳其结成同盟参战，俄国战败。根据1856年签订的《巴黎和约》，俄国把比萨拉比亚南部归还摩尔多瓦，宣布黑海中立化。1877—1878年，沙俄与奥斯曼帝国发生第十次战争，沙俄以斯拉夫兄弟塞尔维亚人被土军镇压为借口开战，结果沙俄获胜，得到了比萨拉比亚地区以及在亚洲的巴统、卡尔斯、阿达等地，保加利亚获得独立。

第一次世界大战期间，沙俄与英、法结盟，组成协约国，奥斯曼土耳其加入德国、奥匈帝国等同盟国阵营。奥斯曼土耳其失败，沙俄与英、法订立战后方案，规定伊斯坦布尔和黑海地区归俄国。然而1917年沙俄发生十月革命，瓜分土耳其遗产的计划胎死腹中。

1923 年土耳其共和国与各国签订《洛桑条约》，规定博斯普鲁斯海峡在非战时对所有非军事舰船飞机开放，海峡两岸不得设置军事设施。

但是，苏联一直没有放弃掌控该海峡的努力。1936 年，苏联与英国、法国以及土耳其等九国就海峡问题缔结《蒙特勒公约》，公约规定，没有参加国的共同决定，海峡不对非缔约国军舰开放；战时只要土耳其保持中立，将禁止所有交战国的军舰通行；土耳其加入战争后，海峡控制权将完全转交给土耳其政府。这虽解除了苏联一直以来在海峡问题上的安全担忧，但并未完全符合苏联的安全利益。

第二次世界大战开始前，苏联政府非常关注博斯普鲁斯海峡的归属问题，与土耳其就黑海海峡问题进行双边谈判，探讨黑海国家苏联、罗马尼亚、保加利亚、土耳其签订相互援助协定的可能。土耳其表示，苏联是其事实上的盟友，双方法律形式的军事同盟将在两国政府都认为必要时签署。与此同时，苏联还与德国就黑海海峡问题进行谈判，提出“在地理上位于苏联安全范围内的黑海海峡边境的安全得到保证。与此同时，苏联在博斯普鲁斯和达达尼尔海峡区域获得长期租借海军基地的权利”的条件，但是未被德国接受。

第二次世界大战开始后，苏联依然为黑海海峡的权益与英、美和土耳其进行折冲。1945 年 2 月雅尔塔会议上，斯大林公开表示，《蒙特勒公约》已经过时，应该废除，苏联军舰在任何时候都应自由进出海峡。在同年 7 月的波茨坦会议上，苏联提出：“确定海峡制度应该在土耳其和苏联权限范围内——这是对该问题最感兴趣的国家。”但遭英美反对，它们提出海峡体制的改变必须由所有强国共同确定，土耳其由此就海峡问题向英美提出援助请求。苏联与土耳其联合控制海峡的企图被挫败。冷战开始后，土耳其加入了西方阵营，并成为北约成员国，苏土在海峡问题上虽然有过斗争，但是都在可控范围之内。

苏联解体、冷战结束，俄罗斯的国力大为削弱，其对新独立国家的吸引力下降。土耳其则以其现代化模式成为中亚国家信赖的“样板”，一些中亚国家和阿塞拜疆甚至聘请土耳其专家为其国家顾问，从而使土耳其直接进入了俄罗斯宣布的“特殊利益”地区。俄罗斯担心土耳其利用和中亚国家的民族、宗教联系，削弱其在该地区的影响力。阿塞拜疆和亚美尼亚就因纳卡地区（纳戈尔诺—卡拉巴赫）爆发战争，土耳其站在信仰伊斯兰教的阿塞拜疆一边，俄罗斯则大力支持信仰东正教的亚美尼亚。更让俄罗斯气愤的是，两次车臣战争中，俄罗斯都认为土耳其支持该地区分裂叛乱分子。同时，土耳其则指控俄罗斯包庇被其列为恐怖组织的库尔德工人党，指控其向塞浦路斯出售防空导弹系统。

埃尔多安上台后，俄罗斯与土耳其的关系得到改善，经济合作发展迅速。土耳其成为俄罗斯仅次于德国的第二大天然气客户。2006 年，俄罗斯超过德国成为土耳其最大的进口来源国。2014 年，土俄两国贸易额达到 188.5 亿美元。两国互为免签国，土耳其每年吸引 300 多万俄罗斯游客，3000 多家土耳其企业活跃在俄罗斯。2014 年 12 月，普京总统访问土耳其，普京表示，土耳其是俄罗斯仅次于德国的重要贸易伙伴，俄方承诺从 2015 年 1 月 1 日起给予出口土耳其天然气价格 6%的折扣。埃尔多安说，普京到访表明了土俄关系的进展，土方的政治意愿依然是将双方贸易额提升至 1000 亿美元。但是在谈及叙利亚政府的合法性问题时，双方显然有“温差”，普京表示，巴沙尔当局是选举上台的，体现了叙利亚民意。埃尔多安则说，叙利亚的选票不一定就是民意的体现，公正的大选才是叙利亚当前重要的事情。

由于“伊斯兰国”的攻势凌厉，巴沙尔的政府军节节败退，控制的土地面积越来越缩水，形势危急。如果巴沙尔当局崩溃，那么，俄罗斯在叙利亚的利益就面临丧失的危险。2015 年 9 月 30 日，俄罗斯宣布，应叙利亚政府的邀请，出动战机对叙利亚境内的恐怖极端势力“伊斯兰国”进行打击。

土耳其认为，俄罗斯采取军事行动，针对的不是“伊斯兰国”，而是叙利亚反对派，为的是力挺巴沙尔政权。而且，在被俄罗斯打击的叙利亚反政府军队中，有一支土库曼人的武装力量，它被土耳其人视为兄弟，是土耳其安插在土叙边境地区的一个“楔子”，肩负着保卫土耳其战略利益的任务。所以，当其受到俄罗斯军事打击时，土耳其第一个站出来保护。11 月 24 日，在俄罗斯空军轰炸“伊斯兰国”两个多月后，土耳其以俄罗斯战机侵犯其领空为由将其击落。

俄土还在撕　调门已放低

实际上，在土耳其击落俄罗斯战机之前，俄罗斯就对土耳其含沙射影，指责其同“伊斯兰国”暗通款曲。2015 年 11 月 16 日，在土耳其城市安塔利亚举行的 G20 峰会期间，普京就强调，在 G20 中，有的国家在暗中支持“伊斯兰国”。峰会结束不久，11 月 24 日，就发生了俄罗斯军机被击落事件。

战机被击落使俄罗斯怒不可遏，普京总统表示，俄罗斯军队正在为打击“伊斯兰国”恐怖势力浴血奋战，却被人“背后捅刀”；他誓言让土耳其“不止一次为所做的事感到懊悔”。普京总统还在 2015 年度国情咨文中，花费大量篇幅严厉指责土耳其包庇和支持恐怖主义分子。俄罗斯国家杜马主席纳雷什金和俄罗斯联邦委员会主席马特维延科分别发声，谴责土耳其击落俄罗斯战机是“违反国际法的严重犯罪”。纳雷什金称，俄罗斯有权针对土耳其击落俄战机的行为进行军事回应。国际社会纷纷作出回应，美国官方称美军没有卷入土耳其击落俄罗斯军机事件；欧洲理事会主席图斯克希望各方都保持冷静；英国外交大臣菲利普·哈蒙德说，俄罗斯飞机被土耳其击落是一个“严重的事件”;捷克总统泽曼则称这是“激进的做法”，有时会怀疑土耳其是否与“伊斯兰国”有非正式的互相策应；联合国表示，土耳其击落俄罗斯战机事件或使叙利亚反恐局势复杂化。然而，直到 28 日，土耳其总统埃尔多安才首次对这一事件表示遗憾，

❖ 2015 年 11 月 26 日，俄罗斯国防部公布的视频显示，俄罗斯正在叙利亚的赫米姆空军基地部署 S-400 防空导弹系统。

为俄罗斯战机被击落感到“难过”，呼吁与俄罗斯总统普京在巴黎会面。土耳其总理达武特奥卢则表态称，土耳其不会就击落战机事件向俄罗斯道歉。

28 日，普京签署了对土耳其实施制裁的总统令，采取的一揽子制裁措施包括：限制进口部分土耳其货物，禁止两国班机往返，禁止俄罗斯旅行社办理前往土耳其的旅行手续等。此外，土耳其公司在俄罗斯境内的活动将受到严格监督。规定从 2016 年 1 月 1 日起，除外交人员和家属以及具有临时居住证的人以外，土耳其公民暂时不得入境俄罗斯。

两国开始舆论战，都想占据道义制高点。2015 年 11 月 30 日，俄罗斯揭发土耳其向“伊斯兰国”购买石油，埃尔多安对此坚决否认。12 月 2 日，俄军展示了土耳其获取“伊斯兰国”石油主要路线图。俄军方表示，“伊斯兰国”动用的运油车不少于 8500 辆，每昼夜最多运输石油 20 万桶。一周之内近 2000 名武装分子、超过 120 吨武器弹药和 250 辆各类型汽车从土耳其进入叙利亚境内。两国还相互扣押对方的船只，土耳其在黑海扣押 27 艘俄罗斯商船，俄罗斯则扣押 8 艘土耳其船只。

俄罗斯与土耳其的关系不睦也蔓延到体育活动中。2016 年 2 月 16 日，2015—2016 赛季欧洲杯十六分之一决赛，土耳其主场迎战俄罗斯劲旅莫斯科火车头队。土耳其以 2∶0 赢得比赛后，莫斯科火车头队中场球员塔拉索夫脱下球衣，露出上面印着总统普京头戴海军帽照片的 T 恤衫，下方写着“最客气的总统”。欧足联规定，比赛中禁止出现政治性言论。塔拉索夫辩解称：“印在我衣服上的是我的总统。我敬重他，我要让人们知道我永远都和他站在一起，我要给他支持，衣服上的每个字都是我的心声。”土耳其媒体则将这一举动描述成是“普京的挑衅”。

2016 年 1 月 4 日，美国《时代》周刊网站刊登了美国欧亚集团总裁伊恩·布雷默所写的《这是世界将在 2016 年面临的十大风险》一文。作者将俄罗斯总统普京和土耳其总统埃尔多安列为“不守规矩的领导人”，认为由于他们是难以捉摸的强势领导人，会引发造成重大国际影响的动荡。而且埃尔多安的强势将进一步对业已受损的土耳其营商和投资环境造成不利影响。

但是，形势比人强，土耳其明显地开始服软。2016 年 2 月，埃尔多安表示，他并没有视俄罗斯为敌人，希望俄土关系正常化，“我

❖ 2015 年 12 月 2 日，俄罗斯国防部、总参谋部举行新闻发布会，公布土耳其与“伊斯兰国”石油交易证据。

们不是俄罗斯的敌人——对于一个每年接受 400 万人次俄罗斯游客的国家来说，这是不可能的。俄土贸易额达到了 350 亿美元，我们还要把它提高到 1000 亿美元。非常遗憾，俄罗斯因为两个飞行员就失去了像土耳其这样的朋友。我希望两国关系正常化的步伐能够朝向一个积极的结果。”现实对土耳其有一些掣肘因素：尽管它是北约成员，但美国和北约并不希望被土耳其拖入与俄罗斯的军事冲突；欧盟已经被经济危机、乌克兰危机以及难民潮搞得焦头烂额，疲于应付，不愿再添一个热点；土耳其也有自己的软肋，库尔德分离主义势力频频制造恐袭事件，如果土耳其把俄罗斯惹急了，俄罗斯是不会放弃这一抓手的。

普京在 4 月 14 日与全国对话的直播连线中也有下台阶的意思。他说，“俄罗斯把土耳其视为友邦，土耳其人民是我们的友好人民。毫无疑问，我们将与土耳其人民构建最佳睦邻友好关系。但我们与土耳其某些政治活动家之间存在一些问题，我们认为他们的行为不当，于是我们以相应方式对此作出回应。”

3 月 15 日，俄罗斯军队已经宣布从叙利亚部分撤离，叙利亚的政府军与反对派的停火和谈已经开始，普京所坦言的俄罗斯空袭行动“巩固（叙利亚）合法政权”“为寻找政治妥协方案创造条件”的目的已经达到。俗话说，杀敌一千、自损八百。俄罗斯 2015 年经济负增长达 3.7%，财政赤字占到 GDP 的 4.4%。俄罗斯前经济部副部长伊万·斯塔里科夫坦言，俄罗斯实际的通胀率接近 30%。“我们很快又将回到家庭将收入的 50% 用于购买食物的年代了。俄罗斯人再次变回了穷人。”目前，西方对俄罗斯的制裁还在继续，如果俄罗斯对土耳其依然进行反制裁，那么，除造成俄罗斯日常用品短缺外，以前谈成的多个大项目都有可能生出不利的变化。如经过土耳其的天然气管道、俄罗斯承建的土耳其阿库尤核电站等，都有泡汤的危险。在一些共同的重大利益面前，俄罗斯与土耳其的关系预料会逐渐变得缓和下来。

3

搬起石头自砸脚

——怎么看喧嚣欧洲的难民危机

2015 年 9 月，年仅 3 岁的叙利亚小难民艾兰“趴睡”在土耳其海滩的场景，成为欧洲难民危机爆发以来“最虐心的画面”，激起了人们对难民问题的广泛关注。难民危机已经成为继欧元危机、乌克兰危机、叙利亚危机之后，欧洲面临的又一严峻挑战。

难民潮涌欧洲惊

2015 年，欧洲遭遇了第二次世界大战结束以来最为严重的难民涌入浪潮。根据联合国难民署报告，10 月份就有 21.8 万人渡过地中海进入欧盟，创当年月度新高，而 2014 年全年只有 22 万人。加上从陆路进入欧盟的难民，每天入境欧盟的人数将近万人。欧盟估计 2015 年至少有 100 万难民入境，2016 年将达到 150 万。

在一期电视节目中，一位名叫里姆的巴勒斯坦裔女孩告诉默克尔，她们一家人等待德国的永久居留权已经四年了，如果家人的庇护申请被驳回，她就会被遣返黎巴嫩的难民营。节目中默克尔无奈地告诉她：“有时候，政治是残酷的。现在还有很多巴勒斯坦人在难民营，如果德国说‘你们都来吧’，我们会吃不消的。”看着女孩听闻后泣不成声的样子，许多人都流下了同情的泪水。这段视频又一次招致了国际社会对欧洲国家难民政策的批评。

据联合国难民署统计，2015 年前四个半月里就有 900 人在偷渡途中遇难。尽管大多数逃往欧洲的难民难以找到好的归宿，但前往欧洲国家的难民数量却有增无减。涌入欧洲的难民主要从东部和南部两个方向的边界入境：一是从叙利亚、伊拉克和阿富汗国内战争或冲突中出逃的人们，他们经由土耳其和西巴尔干地区国家进入欧洲；二是来自非洲大陆、经利比亚取道地中海前往意大利、希腊等国的“经济难民”，他们来自厄立特里亚、尼日尔、塞内加尔等多国，大多数是为了谋求更好的生活，当然也有不少人是为了躲避教派冲突、恐怖主义和极端主义势力的袭扰以及可能爆发的内战。

德国、法国和西班牙是接收难民最多的欧洲国家，土耳其、约旦、黎巴嫩等国也收留了 300 多万难民。位于东地中海地区的马其顿因难民问题宣布进入紧急状态，匈牙利在 10 月宣布关闭与塞尔维亚和克罗地亚的边境，大量难民不得不辗转斯洛文尼亚等国。同时，难民还在拓展通过北欧国家芬兰等地进入欧洲的通道，瑞典是德国之外最受难民欢迎的目的地。对此，欧洲多国领导人表示，必须立即采取切实行动应对难民危机，否则欧盟将会“四分五裂”。

诸因推高难民潮

联合国难民署 2015 年发布的《全球趋势》报告显示，在世界范围内，被迫流离失所者的人数正在显著增加。报告警示，全球已有近 6000 万人被迫离开家园流离失所，欧洲难民危机尤其引人关注。

这次难民潮源自阿富汗、伊拉克及叙利亚等国的局势动荡。不断扩张的极端组织“伊斯兰国”令当地人民生活雪上加霜，那里经济凋敝、物价飞涨，基础设施严重损毁，用水用电都难以保障人们的正常生活需要；大城市频繁的汽车炸弹袭击和炮击以及随之而来的报复措施导致每天成百上千的民众逃离家园。叙利亚邻国的难民营已经人满为患，看不到希望的难民迫于无奈，只好冒着生命危险二次出逃，偷渡去欧洲。对此，一位叙利亚资深媒体人说，难民问题随着叙利亚的战乱动荡正在变得更加深重。危机爆发之初，一些西方国家冷眼旁观甚至“煽风点火”，为叙利亚反对派武装提供经济、政治支持，导致叙利亚局势不断恶化；现在受到叙利亚危机的外溢影响时，却相互推诿责任，充分显示了它们在对待叙利亚问题上的虚伪和双重标准。

地区经济发展不平衡也是导致难民数量激增的主要原因。非洲国家的贫困落后，巴尔干地区严重的经济危机，中东一些国家的经济凋敝，都是难民问题形成的源头。索马里 40 年来都为军阀和恐怖组织所控制，利比亚则成了相互敌对的民兵组织的战场，尼日利亚北部饱受博科圣地的暴力折磨。战乱进一步导致了这些国家的经济恶化，南北差距不断拉大。科索沃、阿尔巴尼亚、塞尔维亚等国失业率高达 70%以上，加上贪污腐败横行，有组织犯罪猖獗，社会福利瘫痪，人民看不到希望。国际移民组织称之为“绝望移民”，他们奔向欧洲富裕的国家寻求安全，也为自己和家人寻求更好的生活和未来。

❖ 2015 年 10 月 1 日，希腊莱斯博斯岛，难民从土耳其抵达莱斯博斯岸边。

许多通过地中海进入欧洲的难民会向“蛇头”寻求帮助。所谓的“蛇头”先前只是渔民而已，他们把小船租借给非法移民的人以赚取“外快”，之后逐渐变得“专业化”和“集团化”。他们看报纸，研究欧洲法律，时刻盯着边防局的动态，钻研如何突破封锁、登陆欧洲。一名国际移民组织的负责人表示，“蛇头”一般都有一套严密的“支付系统”，先交定金和登船费，剩余费用通过“速汇金”和西联汇款，偷渡者平均每人要支付高达4000至6000美元的费用。一位处理地中海难民事件的意大利检察官透露，每安排一艘难民船出发，“蛇头”便能赚取多达8万欧元。

在金钱和利益的驱使下，为了多赚，“蛇头”会想方设法在一艘荷载十几人的小船里安置近百人。为了招揽更多生意，“蛇头”还在社交网络上推出特价产品，进行各种有针对性的宣传，比如招募四五个同行者可以免费搭乘等。难民船每年给这些人口贩子带来的收入高达百万欧元。有些船只十分破旧，往往航行几小时就有进水的危险，因而近年来类似的沉船事故不断，地中海一度成为“死亡之海”。

匈牙利总理在一次访谈中表示，人口走私在某些国家是一笔大买卖，情报部门的报告中详细阐述了他们的运作方式。比如，“蛇头”在巴基斯坦和阿富汗设立正规的营地，人们可以在那里购买服务。价格根据希望购买服务的质量而不同，可乘坐飞机或乘船、走陆路。

播下“龙种”获跳蚤

自2003年伊拉克战争特别是2011年中东北非发生政治动荡以来，难民的队伍显著扩大了。利比亚、叙利亚、伊拉克、也门等国家先后发生严重战乱，中东地区成为世界难民的主要输出地。

现在的叙利亚，政府与反对派冲突僵持不下，“伊斯兰国”活动猖獗，酿成了本世纪以来最为深重的人道主义灾难。究其深层次原因，与美国及其西方盟友近年来采取的中东政策不无关系。美国支持叙利亚反对派打击巴沙尔政权，只求在叙利亚“打破现状”，却根本不考虑如何收场。将叙利亚的前途和人民的福祉抛在一边，强推“政权更迭”，这种“只破不立”的做法导致西亚北非国家乱局一片，不仅不能使这些国家走上健康发展的轨道，反而让那片土地上的黎民百姓民不聊生。

在美国蛮横干涉中东国家内政时，欧洲也高喊着“民主”“人权”等口号加入到美国主导的中东“民主”进程的改造中，试图推动中东地区一些国家政权更迭，来转嫁自身的金融和内政危机。当它们天真地以为在中东可以实现更优质的民主政治，并且以实际行动推动这一进程时，实际上给中东造成的是普遍的无序和动荡。如今，一部分欧洲和美国曾经支持过的叙利亚“自由战士”，已经转化为“伊斯兰国”的恐怖杀手，他们不断出现在欧洲和美国制造恐怖事端。对这突如其来的变故，西方世界束手无策。而中东地区国家的混乱，反过来又以难民潮的方式，输入到欧洲。

面对汹涌的难民潮，美国却采取了“事不关己，高高挂起”的超脱态度。因美国本土所受影响不大，白宫就想把美国的责任撇个一干二净，声称尽管出现了这样的难民危机，但美国不会“立即调整”相关政策。“欧洲会有能力应对这个问题”，白宫新闻发言人欧内斯特在一次记者会上说，“自 2011 年 3 月叙利亚内战爆发起，美国据估算为受叙利亚战火影响的人提供了数以亿计美元的援助”。言下之意是已经做得足够多。尽管国际社会要求美国接收更多的叙利亚难民，但美国不为所动。一位美国官员称，自 2011 年以来美国共接受了大约 1500 名叙利亚难民，计划至 2016 年底接纳不超过 8000 人。而美媒援引美国国土安全部的公开数据报道，在 2013 年，美国不过只给了 36 名叙利亚人难民身份。

针对美国在难民危机上的冷漠态度，国际社会一片声讨，国际救援委员会主席戴维·米利班德说，美国总是称自己要“领导世界”，但在叙利亚危机爆发至今，美国却在人道救援方面“袖手旁观”。俄罗斯总统普京也站出来表示，美国不愿意为这一难民潮承担责任，而欧洲盲目追随美国，因此受到极大伤害。他认为，欧洲难民问题完全在意料之中，直接原因就是西方国家当初不考虑北非、中东地区的历史、宗教、民族和文化特点而强行推行自己的标准。

接收难民撕裂欧洲

面对日益严重的难民危机，欧洲内部对待难民问题出现严重分化，态度差异明显。一开始，德国、瑞典、法国等富国出于人道主义考虑，愿意尽力解决难民问题，但随后态度也随着问题不断发酵出现明显变化。瑞典、丹麦、挪威等国近来纷纷启动难民管控机制，对无有效证件者直接遣返。匈牙利、波兰等国则不支持扩大难民接纳数额，更不愿意承担欧盟框架下的难民负担。欧洲沿海国家如意大利、希腊等国领导人明确表示，让几个边境国家承担过多的难民有失公平，对德、法等国主张各国摊派的做法颇有微词，甚至怨声载道。

不仅是欧洲各国对接收难民的态度存在较大差异，即便一国内部对接收难民也态度不一。英国工党影子内政部长库珀建议，为帮助减轻欧洲二战以来面临的最大难民危机，英国至少应接纳 1 万名叙利亚难民。而英国独立党党魁法拉奇把欧盟接纳难民的政策称为“白痴政治避难政策”，他担心设法来到欧洲的难民正受到这样的“怂恿”：只要置身欧盟境内，欧洲国家就几乎没有任何理由要求他们离开。在法国，对于是否应该按配额接纳难民，政府和民众也存在不同意见。法国媒体说，56%接受民意调查的法国人反对接纳难民。

针对这些来自中东的难民，皮尤最近的一项调查显示，63% 的意大利人、50% 的波兰人、53% 的希腊人、33% 的德国人、27% 的法国人和 26% 的英国人对穆斯林持负面看法。为了避免大量难民涌入，德国、法国、英国三国内政部长联合呼吁在意大利、希腊和匈牙利建立由欧盟管控的难民登记中心就地解决问题。但一些国家对于欧盟希望在临时安置难民方面采取根据各国经济实力、面积、人口、失业率等因素计算的配额制的想法，持坚决反对的态度。

匈牙利认为，自己一直在按照与非法移民相关的欧盟法律履行欧盟成员国义务，对非法移民进行登记等，但希腊没有履行义务，导致大批非法移民取道马其顿、塞尔维亚进入匈牙利。大部分非法

2015 年 9 月 1 日，匈牙利布达佩斯，数百名难民在凯莱蒂火车站等待前往德国及欧洲其他国家的火车。

移民在匈牙利登记并提交避难申请后，没有等到审理程序结束便前往德国等国。匈牙利方面担心，西方国家可以根据有关规定将这些人遣送回匈牙利。

由于各国分歧严重，欧盟多次开会寻找方案，但会议成果虚多实少。欧盟强行推动达成未来两年 16 万难民分配方案，但一些中东欧国家暗中抵制，有关资金也迟迟未能到位。欧洲舆论认为，若成员国不能在避难申请程序、难民分配等问题上达成共识，欧盟就会重回栅栏和界墙的时代，这不仅将使难民的处境雪上加霜，同时意味着欧洲一体化大业将陷入危机。

难民危机引发的经济、社会问题以及人道主义危机已成为欧洲一些国家难以承受之重。2016 年新年伊始，德国多地爆发大规模和平示威游行，谴责新年夜发生的性侵事件，以及由此引发的针对难民的报复行为，支持和反对接收难民的势力针锋相对。“反对西方伊斯兰化”等右翼党派和政治组织成为反对接收难民的急先锋，甚至有人抛出仿建纳粹时期集中营等极端言论。德国内政部长、司法部长等高官则在媒体公开撰文，呼吁民众不要被煽动仇恨的组织所裹挟。德国政府已提供大量资金应对难民危机，联邦议会也围绕促进难民融入劳动力市

❖ 2015 年 12 月 31 日，德国科隆中央火车站前的广场上人潮涌动。据报道，数十名女性于跨年夜当晚在此遭到“阿拉伯人或北非人”性侵和抢劫。

场等加快立法，但长期看，解决难民问题的经济压力仍然是巨大的。普通德国民众的恐惧感不断上升，他们担心，向难民提供财政支持，将导致其养老金和社会福利受损。民众还担心，难民潮将带来陌生宗教文化的冲击、犯罪率的升高以及现有生活水平下降。

目前，在德国 8000 多万人口中，约有 300 万土耳其人，很多人连德语也不会说，他们成群聚居，逐渐形成了与德国主流社会存在巨大差异的“并行社会”。来自叙利亚、伊拉克、阿富汗等国以及非洲国家的难民表现得更加难以融合，从而带来复杂的社会矛盾。未来两年，德国、西班牙等国将迎来议会大选，预计右翼政党将利用难民问题为他们争取更多支持者，欧洲政党格局“向右转”的特征可能会更加明显。

面对日益深化的难民危机，欧盟及其成员国始终难以形成有效应对的合力，欧洲一体化进程面临不小冲击。《明镜》周刊一篇评论说，难民问题让欧洲国家形成了不同的阵线，“真正的共同解决方案至今连轮廓都未显现，这是严重的失败”。此外，欧盟一直未能形成统一的难民或移民政策，作为负责边境管理的机构，欧盟边防局（Frontex）的经费相当有限，且缺乏权威。欧洲理事会主席图斯克不久前警告称，欧洲已经失去了防守边界的能力。

虽然欧盟不断推出应对难民危机的各种举措，很多观察人士却对解决难民问题持悲观态度。原因是多方面的，既有对欧盟成员国内部团结的怀疑，也有对打击国际恐怖主义难度不断增大的忧虑。加之近年来世界经济复苏乏力，发达国家对贫困地区国家的援助也远未到位，不得不说，解决难民危机任重道远。

匈牙利科尔维努斯大学国际问题研究所副教授、欧洲一体化和安全政策专家加利克认为，不是欧盟不想解决，而是因为难民问题属于内务与司法合作问题，但这并未写进《欧洲联盟条约》。要实现共同的难民政策，需要成员国把相关权力移交给欧盟，但谁也不愿意这么做。德国知名智库科学与政治基金会专家扎比娜·里德尔指出，从难民危机激化可以看出，欧盟仍然不等同于一个国家。在难民和避难政策上，各国都是根据各自国内的法律法规制定的，相关重要国际条约在各成员国的具体运用情况都存在国别差异。

也有分析人士认为，欧洲各国在处理难民问题上“各打算盘”，过多考虑本国的难处与利益，难以形成合力。例如，欧盟各国目前一个主要争议点是难民分摊问题。现有规定是，难民首次入境成员国负责完成难民审批手续，但因为难民大量涌入，希腊、意大利、匈牙利等前沿国家各有各的困难，缺乏处置和接纳能力，难民登记形同虚设、难民安置点条件堪忧，还有一些国家干脆不执行，简单放难民过境。

统计数据显示，2015 年涌入欧盟的难民数量激增，其中来自叙利亚的难民占据了大头。欧盟承认，叙利亚的持续冲突是难民人数上升的主要因素之一。有关人士指出，欧盟如想要从根本上解决难民危机，就必须采取措施改善西亚北非地区难民来源国的政治、经济及社会状况和地区安全局势。联合国副秘书长布拉齐也表示，需要为撒哈拉以南的非洲国家制定一个大规模的新的经济援助项目，杜绝大批难民涌向欧洲的现象。

机遇与挑战并存

美国《时代》周刊虽把 2015 年“年度风云人物”的桂冠授给德国总理默克尔，但在难民问题上，她不仅继续遭到欧洲国家的压力，而且国内民众对她的态度也急转直下，40% 的德国民众对默克尔的难民政策表示严重不满，甚至要求默克尔辞职。为了缓解压力，默克尔于 2015 年 10 月和 2016 年 4 月两次访问土耳其，尤其是今年，默克尔同欧洲理事会主席图斯克和欧盟委员会副主席蒂莫曼斯联袂造访土耳其，在土耳其总理达武特奥卢陪同下，视察土耳其与叙利亚边界的难民营，希望土耳其发挥第一“防波堤”作用，阻止难民通过该国涌入欧洲，欧洲则支持土耳其公民申请欧盟签证加速，并向土耳其提供难民援助款。

难民危机的爆发，暴露了欧洲在统一难民政策以及外交、安全等领域存在的问题，不少人对于欧洲一体化前景发表悲观言论。但也有分析人士认为，难民危机如若处理得当，未来可能会给欧洲一体化带来机遇。

❖ 2016 年 4 月 23 日，德国总理默克尔在土耳其总理达武特奥卢的陪同下访问加济安泰普省的一座叙利亚难民营。

科学与政治基金会欧洲问题专家凯·奥拉夫·朗认为，虽然从短期的难民安置到长期的社会融入，难民接收国均面临很大的挑战，但欧盟可以将这次危机看作机遇，借此深化各成员国在司法、内政、移民以及难民避难制度等方面的合作，制定更多共同的内政、外交和安全政策，从而进一步推动欧洲一体化进程。

从另一个角度看，一系列研究表明，难民最终给接收国带来的好处多于损失。一方面体现在移民为所在国缴纳的税款上，一项研究显示，2000—2011 年进入英国的移民就上缴税款 50 亿英镑。来自东欧的移民给英国缴纳的税款至少是英国在他们身上支出的 1.2 倍。移民获得的补助比本国居民少，再加上移民大多是年轻人，不用领退休金，也很少生病。许多专家认为，移民的贡献比接收国的支出多，能创造正面的经济效益。如果移民的教育程度高，创造的经济效益就更多。虽然难民不完全等同于移民，但实际上，两者区别很小。对于移民或难民是否会挤占本国人的工作岗位，有专家认为，这并不是必然出现的情况，“大量移民涌入也许会压低工资，但主要是针对其他移民的工资，而且幅度只有 1%—3%。总体上，移民对工资或工作岗位数量的影响是中性或积极的”。

即便如此，大多数国家仍然不愿为难民打开大门。专家认为，欧洲各国需要继续寻求在道义、经济、文化与安全上的平衡点，妥善化解矛盾，应对危机。在这个过程中，中国也应该思考，这场危机和欧洲国家的应对措施对中国有哪些借鉴意义？中国是否可以从人道主义立场为难民提供更多帮助？中国应如何为解决这一全球问题贡献“中国力量”和“中国智慧”？在全球化的当下，难民潮离我们并不遥远。中国作为当今世界第二大经济体，随着国家经济实力的增强，中国作为负责任的大国，应该更多地发挥大国的作用。同时，要呼吁国际社会携起手来，改革现有的全球治理体制与机制，积极采取措施，尊重和保障人的基本权利，消除战争，消除地区间的纷争，消除贫困与不公正现象，为人类能够生活在一个更美好的世界而努力。

4

钟摆效应在拉美

——怎么看左右易位的拉美政治

2015年，对于一些拉美国家的左翼政治力量而言是困难的一年。阿根廷政权从“左手”换到“右手”，委内瑞拉左翼执政党社会主义统一党国会败选，巴西左翼执政的劳工党处境困难、总统罗塞夫被弹劾。一时间，拉美政坛风云变幻，盛极一时的拉美左翼政治力量将会呈现多米诺骨牌式的退潮吗？如何认识拉美新一轮的政治风向转换？

“粉红”拉美始褪色

2015年，正当全世界聚焦中东、欧洲、中亚等世界地缘板块的风起云卷时，拉美这个远隔中国万里之外的神秘地区，以一个又一个左翼政权的崩塌或式微，吸引着众人的眼球。

回顾过去20年，可谓是左翼政治力量在拉美地区的黄金时期。自1999年拉美左翼标杆人物查韦斯在委内瑞拉上台执政后，阿根廷、玻利维亚、巴西、智利、厄瓜多尔和乌拉圭等国政权陆续被左翼政治力量掌握。拉美政坛掀起了“粉红色”风暴，步入左翼政党执政的高峰期。从2015年开始，拉美左翼政党出现下滑趋势。

委内瑞拉的社会主义统一党是拉美左翼政党当之无愧的标杆和

旗手。但在 2015 年 12 月的国会大选中，执政党遭遇“滑铁卢”。社会主义统一党在掌控国会 17 年后，交出了第一把交椅的“宝座”，反对派联盟以拥有议会三分之二的选票一举成为议会“老大”。

委内瑞拉的反对派联盟以搭建“民主团结平台”为旗帜，整合了委内瑞拉国内从社会民主党派到前政变参与者在内的所有反对派，抱团取暖，整顿人马。这些政治力量有一个突出的共同点，就是痛恨玻利瓦尔革命，推崇西方民主，将矛头集中指向查韦斯派。

委内瑞拉形成左翼政府、右翼国会的政治结构，这也意味着在这种政治力量的分布下，委内瑞拉政府和国会有可能形成“两张嘴”，各说各话，相互掣肘。相较于之前社会主义统一党的“一家言”，选举后社会主义统一党的话语权将受到极大削弱。

委内瑞拉左翼政治力量在整个拉美地区政治地位特殊。尤其是前总统查韦斯在世时，委内瑞拉是西半球以最高分贝抨击美国霸权的国家，其引发的示范效应甚至比古巴更加具有号召力。查韦斯主张的“二十一世纪社会主义”模式聚拢了拉美一批左翼力量，成为引人关注的地缘政治力量。

阿根廷左翼政党输得更是彻底，政权移位，执政 12 年之久的左翼政党胜利联盟铩羽而归，中右翼代表人物马克里夺取总统宝座。这就意味着在阿根廷由左翼统领的政治版图完全被“攻陷”。马克里是亲美的自由派人士，中左翼的克里斯蒂娜总统被取而代之。

巴西左翼总统罗塞夫的日子也不好过。因执政联盟内部分裂和腐败问题，反对派组织的抗议浪潮此起彼伏，支持率跌至可怜的 10%，执政地位岌岌可危。巴西反对派对罗塞夫总统紧追不舍，巴西众议院和参议院先后通过对罗塞夫总统的弹劾案。4 月 17 日，众议院以 367 票赞成、137 票反对的投票结果，通过对罗塞夫的弹劾案。众议院弹劾案通过后，还出现了小插曲。众议长马拉尼昂对弹劾案一日内两变，先是利用众议长权力废止了弹劾案，后又戏剧般地恢复了通过的弹劾案。紧接着巴西参议院启动对罗塞夫的弹劾程序，并于5月12日以55票对22票的结果支持继续推进对罗塞夫的弹劾。这意味着罗塞夫将被停职180天，停职期间，巴西总统职权由副总统补位。至此，巴西参众两院都通过对了罗塞夫的弹劾案，罗塞夫的政治前途凶多吉少。

❖ 2016年5月12日，巴西首都巴西利亚，巴西总统罗塞夫遭弹劾停职后发表讲话，多名支持者和前总统卢拉现身陪同。

巴西经济的糟糕表现是本国左翼政治力量式微的根源。据国际货币基金组织数据，2015年巴西经济萎缩3.8%，深陷经济危机，巴西货币雷亚尔贬值幅度超过40%，年通货膨胀率接近10%，失业率接近9%，国民经济经历震荡调整。巴西作为金砖国家“黄金成色”明显下降，盛名之下难副其实。2015年12月，惠誉宣布将巴西的主权信用评级从BBB-下调至BB+，评级展望为负面。高盛将巴西经济描述为“烂摊子”，深陷“高通胀、负增长”的泥潭无法自拔。

拉美地区左翼政治力量的相继失势，拉美政治版图中的“账面”势力显示出左翼政治力量开始式微。许多西方媒体对拉美和平“变色”幸灾乐祸，认为“查韦斯模式”走到尽头。

经济成败定乾坤

从 20 世纪 90 年代末拉美地区刮起“粉红色”风暴、左翼政治力量狂卷政坛，到现在左翼政治力量出现群体性式微，有媒体认为，拉美反民粹主义的浪潮正在袭来。这其中症结在哪里？病灶是什么？实际上，经济形势很大程度成了拉美政治走势的“风向标”。经济企稳上扬，拉美左翼政党实行惠民政策，从而赢得底层民众的支持。反之，由于经济衰退，拉美左翼政府无力保证民众利益时，无法保证民众手中的选票流向左翼政党。

回顾历史可以发现，拉美左翼政党执政得益于拉美经济自由化的失败。20 世纪 80—90 年代拉美国家进行新自由主义改革，但以私有化为核心的改革在大多数国家不仅没有成功，反而造成了大量失业和贫富分化。拉美左翼政党主张社会公正，加强对社会中下层福利的保护，赢得底层民众的支持，催生了左翼政治力量的崛起。

在左翼政党的带领下，拉美国家成为世界主要新兴经济体，经历了高速增长的黄金十年。但在 2008 年金融危机的冲击下，拉美经济随着全球经济的低迷而风光不再。2012 年，很多国家转入低速增长。至 2015 年，拉美整个地区出现负增长，经济进入衰退周期。经济上的“感冒”引发了政治上的“哮喘”，经济上的正负变化带来的政治影响立即显现，以往执政的拉美左翼政党陷入困难期。

拉美经济衰退，是多重因素叠加的结果。外部原因主要是国际经济环境恶化，导致初级产品需求和价格的双降，造成拉美地区产品出口大幅下降。2015 年前，拉美出口已连续三年下降，且下降幅度一年比一年大。

对于依赖石油的拉美国家而言，不利的消息是最近两年国际市场上油价的大幅度下跌：从最高时的每桶 130 多美元降到目前 40 美元左右。拉美经济遭受的打击是显而易见的。2015 年上半年拉美出口下降 14%，是 80 年来出口形势最差的。其中，委内瑞拉下降

41%，玻利维亚下降 32%。

拉美经济整体是以出口大宗商品为主。受全球金融经济危机影响，国际贸易受挫，很多国家的购买力减弱，或者对大宗商品需求不旺，导致拉美的出口市场萎缩，财政收入大幅下降。

据已公布的数据，委内瑞拉 2015 年前三季度国内通胀率高达 108.7%，经济衰退 7.1%。总统马杜罗在年度国情咨文中也承认，2015 年对委内瑞拉而言是“非常糟糕”的一年。委内瑞拉是主要依靠石油收入的国家，原油在委内瑞拉的出口中占九成份额。在查韦斯执政时代，全球石油价格正处于高涨期，查韦斯政府将石油经济让利于民，获得了民众的大量支持。全球石油价格的断崖式下跌，对严重依赖石油出口的单一经济国家而言，是不小的打击。

2016 年 1 月 28 日，委内瑞拉加拉加斯，市民排队购买政府限购的鸡蛋，据说，至少要排上一个小时。

预计委内瑞拉 2015 年的实际经济增长率为负增长 7%，委内瑞拉的“钱袋子”变瘪，高达 100% 以上的通胀率和严重的生活必需品短缺也导致治安情况进一步恶化，政府再也无法“任性”地满足民众的诉求。委内瑞拉左翼执政党失守国会，也反映出民众对目前生活状况的强烈不满。

财政收入的恶化，随之带来的是通胀上升，贪腐严重，最终导致民众生活水平下降，尤其是底层弱势群体生活水平。而底层民众是拉美左翼政治力量的主要“票仓”，打着为底层民众谋福利的旗帜，拉美左翼政治力量屡战屡胜。但随着经济进入衰退期，拉美左翼执政国家的经济捉襟见肘，难以继续保证民众的就业、福利和生活水准，民众在这种情况下，对左翼政治力量的支持势必发生动摇，撼动其执政基础。

资金外流加剧了拉美的经济形势。美国叫停量化宽松货币政策，导致拉美地区资金外流加剧，金融动荡，进而导致经济衰退。受此影响，阿根廷和委内瑞拉等国家的国际储备严重流失，对外支付能力大大下降，面临支付危机。

执政陷阱都难逃

长期以来的结构性失衡是拉美国家经济发展战略和政策失误造成的。经济结构失调迟迟未能得到调整，是拉美左翼执政的国家普遍存在的现象。对初级产品出口依赖度较高的国家，其经济结构较为单一，对石油、矿产和农产品依赖较大的国家，危机程度也较严重。

拉美国家采取过激的经济政策，实行过度的国有化，如对一些工商企业、商场实施国有化，严重挫伤了私人工商业主的积极性，加剧了国内物资生产和供应的短缺，这实际上不利于民众的生活。由于政府过度干预经济，市场机制作用大大削弱，生产者和投资者的积极性受到很大打击，商品供应短缺问题日益严重。

经济政策的失误很大程度上源于左翼执政党自身的问题。经过十几年的执政，拉美传统政党存在的痼疾和弱点在执政的左翼政党身上也日益明显，如执政理念和理论的贫乏与混乱，极端的民族主义，政策的随意性和反复无常，导致一些政府执政能力丧失，在危机与反对派的攻击面前束手无策。

还有就是所谓左翼政党与其他政党一样，没有走出执政腐败的陷阱。随着长期执政，左翼政党执政能力不足的问题日益突出。经过长期的执政，一些拉美国家的左翼政治力量放松警惕，松于自身建设，不断滋生各类腐败问题，一方面弱化了执政能力，另一方面恶化了在民众中的形象，逐渐失去民心。

在左翼政治力量执政的拉美国家，中右翼政治力量经过多年斗争，在不断积聚力量，并改变和调整斗争策略，利用经济危机带来的形势，强化政治斗争，在选举中争取更多的选票。近些年一个突出的现象是，处于在野地位的各反对派力量，不分党派和意识形态，组成最广泛的竞选联盟，瞬间形成了一股强大的政治力量，与执政的政治联盟对抗。这种联合策略改变了拉美很多国家政治力量的对比和选情。

此次左翼政治力量在政坛遭遇“滑铁卢”，引起了国际社会的关注。特别是委内瑞拉、阿根廷、巴西等国，既是拉美地区的大国，同时又是左翼政治力量的代表。但应清醒认识到，从纵向对比来说，经过 2015 年的政治力量的斗转星移，拉美左翼政治力量已显现出走下坡路的趋势；但从横向对比看，左翼政治力量仍是拉美政治版图的重要力量，其在拉美政坛的政治影响力不容小觑。

至少从当前和近期来看，一两个国家的政党轮替还不能改变近年来整个拉美地区左翼占主导地位的政治格局。事实上，现在仍有十几个国家的执政党是中左翼政治力量。2016 年还有三个拉美国家举行大选，即使全部转向中右政党，也不会导致整体向右转，也还不能使现有政治格局发生彻底改变。因此，现在就断言拉美向右转或拉美左派开始走向终结，为时尚早。

不能因为拉美左翼政治力量一城一池的得失，就妄下拉美左翼颓废的结论。需要看到的是，拉美左翼的群众基础依然雄厚，根基尚存，这就决定了即使拉美已经进入了政治由左向右的摇摆期，回摆也将是一个渐进的过程，并且不排除左翼政治力量在“大周期”

后依然可以长期执政的可能性。

还有，无论是拉美左翼上台，还是右翼执政，实际上都存在一种悖论。左翼执政的基础就是中下层力量，而获取中下层支持的基本动力来自于公共财政分配的期许和实现，主要通过一些社会福利计划。减少公共开支就意味着减少来自中下层支持的可能，所以政府就面对这样一个悖论，如果想要改善自己的经济情况，就需要缩减公共开支，缩减公共开支就意味着来自中下层民众的支持减少。

同样，右翼政党也面对这样的悖论，执政者需要在底层民众和代表中上阶层利益之间寻求平衡点。右翼一般代表中上阶层的利益，这部分力量拥有财富优势。底层民众经济贫乏，但握有绝大多数选票。因此，对于右翼政党而言，如何平衡钞票和选票之间的关系，也是执政后需要面对的问题。

从某种程度上而言，拉美民主逐渐走向成熟。击败左翼的不是右翼，而是自己，由于左翼政党经过长期执政后政策上的不思进取、贪腐严重，失去民心。其民心之失，理所固然。在得知执政党在议会选举中失利后，委内瑞拉总统马杜罗的表态出奇的冷静，他认为这是宪法与民主的胜利，承认并接受结果。

的确，不管是左翼还是右翼上台，民主都是拉美地区真正的赢家。毕竟，拉美地区已经成功跳出了权威与民主循环往复的历史周期，迈入了民主左右翼交替执政的新时代。尽管拉美的民主并不完善，尚停留在“选举民主”或“不自由的民主”层面，但它已经在这个地区扎下根来，并不断获得巩固。

目前拉美左翼执政的黄金时期已进入尾声，一个新的政治周期轮换开始了，未来可能会增加政治的不稳定性。如果经济不能好转，政治不稳定的风险会越来越大。

目前阿根廷左翼政权已经倒了，作为左翼的标杆性国家，其走向具有巨大影响。马杜罗已经无力延续加勒比石油计划，阿根廷新总统马克里则考虑要将委内瑞拉踢出南方共同市场。这表明，过去十多年间，实际上由左翼主导的拉美一体化进程会大大受挫，这是拉美目前的基本格局。

另一方面，不管是委内瑞拉、阿根廷还是巴西，虽然左翼下台了，但是政治力量依然强大。比如阿根廷政治斗争的尖锐化已经凸显，这从总统权力交接过程的波折可见一斑。这种情况下，左右翼的斗争会非常激烈。新的力量还在孕育成熟阶段，旧的力量依然强大，这时候斗争就会出现，阿根廷已经呈现了未来拉美国家可能出现的这种政治对抗。按照拉美过去的经验，左翼在台上的时候，社会政治斗争相对可控。但左翼一旦下台，就会重新回到社会运动的老路。传统上拉美的左翼非常有战斗力，组织罢工的经验丰富，而且非常善于组织大规模的社会抗议。

❖ 2015 年 12 月 10 日，阿根廷布宜诺斯艾利斯，新总统马克里的就职典礼举行，他在阳台上向支持者发表讲话。

回顾历史，在 20 世纪中后期，拉美有过一个民主和独裁的政治钟摆。截至 20 世纪 80 年代末，大部分拉美国家实现了民主转型，后经加固，拉美国家的民主政治初具雏形，政治格局也转换为左翼和右翼政党左右摇摆的周期律。拉美地区经历了近 20 年左翼执政的高潮期，到 2015 年左翼上升势头减弱，“在今后一段时间里，拉美的政治钟摆可能会向中右倾斜，但拉美政治版图不会出现整体右倾，因为拉美的社会矛盾依然存在，拉美左翼仍有比较牢固的社会基础，经过一段时间调整政策之后，拉美的政治钟摆有可能会向中左倾斜。”

中拉关系无惊险

近些年，中国与拉美国家的发展势头良好，双方已形成机制化交流——中拉论坛。并且，中国和拉美在经济上的融合越来越深，中国越来越凸显出在拉美地区的存在。双方关系是以政党为基础，但又是超越政党关系，双方的利益捆绑越紧，双方关系越牢固。随着构筑中拉利益共同体和命运共同体不断深入，中拉关系不会因为政党更替而冲击双方关系。因此拉美政局转变与中拉关系下降不是等号关系。况且，拉美左翼并不是整体失势。因此，中拉关系仍会按照顶层设计的引领，继续前进。

诚然，在时间上，过去十多年拉美左翼力量的得势与中拉关系的快速发展似乎是吻合的。但是中拉之间的利益融合，不是拉美政权更迭所能稀释的。换言之，中拉关系快速发展的原因并非完全得益于拉美左翼东山再起。

中拉关系基本面不会因为拉美政坛的权力移位受到根本性的冲击。首先，在左翼政权的领导下，中拉关系基础牢固。以委内瑞拉为例，尽管兵败国会，但左翼政党仍占据重要地位。并且，反对派得势的国会无法反过来废除已获国会批准的中委两国两三百项协议。

并且，拉美国家对中国的依赖性并不以国内政权更迭而转移。中国是委内瑞拉第二大原油出口国，是购买原油的大客户，这不以委内瑞拉哪个政党执政而改变。据报道，中国向委内瑞拉借贷 400 亿美元，委内瑞拉已还 200 亿美元。拉美国家重合同，法治传统较好，归还问题不大。

拉美国家提振经济需要中国的帮助。显而易见，拉美右翼政治力量多数是亲美的，其上台后势必拉近与美国之间的距离。但是，即使是右翼上台执政，提升经济的任务不会改变，因为这涉及执政根基的问题。民众可以因为经济问题用选票将左翼政党投下台，同样，右翼政党同样也会因为经济表现糟糕，遭遇左翼政党败选同样的命运。提振经济仅靠美国是不够的。一方面，依靠美国帮助经济需要付出代价；另一方面，美国和拉美经济存在代际鸿沟，难以形成有效的对接。因此，增加提升经济手段的多元性，可为拉美国家获得经济成就增添“保险阀”。

中拉之间的经济利益融合是双方关系牢固的“压舱石”。经贸关系是中拉关系的基础。2004 年，中拉双边贸易额仅为 400 亿美元，2014 年已超过 2600 亿美元。此外，中国在拉美的投资也快速增加，其他领域的合作同样稳步推进。建立在互利共赢基础上的中拉战略合作，将是拉美经济极为重要的提振因素。

尤其是 2008 年中国发表对拉美政策文件后，中拉关系越来越呈现出全方位、多领域、“全面开花”的特点。从政党到民间、从议会到军队、从文化到体育、从科技到卫生、从媒体到智库，都能感受到中拉关系正处于历史上的最佳时期。

2016 年，中拉整体合作将进一步深化；以“中拉文化交流年”、里约奥运会等为纽带，中拉友好的人文、民意基础将进一步夯实；中拉经贸合作将在质量和结构上实现新突破，以产能合作带动拉美产业链构建和完善，以资金、技术、标准、管理的联合输出，提升和催生地区价值链，从而助推拉美成为世界多极化的标杆区域。

中国外交的原则是合作共赢，并不以意识形态和政治取向为圭臬。因此，中国既与社会主义国家古巴和委内瑞拉等“反美”国家发展关系，也与哥伦比亚和墨西哥等所谓“亲美”的国家开展合作。既与左翼政党交往，也与右翼政党交流。因此，可以说拉美政权的新变化对于今后的中拉关系，并不会产生太大影响。

5

谁把南海水搅浑

——怎么看风急浪高的南海局势

美国自2010年提出“亚太再平衡”战略以来，一改在南海问题上的立场，以所谓“维护南海航行自由”为借口加大介入南海问题力度，使有关南海争议激化，导致该地区局势风急浪高，地缘政治竞争加剧。

域外势力拉帮结伙　浑水摸鱼搅局南海

在美国全球战略重心东移的背景下，日本、印度以及澳大利亚等域外大国追随或呼应美国的亚太战略布局，以多种方式介入南海问题，通过与部分东盟国家在非传统安全领域合作，将军事力量的触角延伸至南海，不断增加在南海问题上的话语权，以此作为加强自身在东南亚影响力的突破口。

美国在南海拉帮结伙、炫耀武力、挑动事端，正在从幕后走到台前。纵观美国的战略布局，美国介入南海问题不是短期政策作为，而是受美国亚太战略的支配。美国在南海问题上采取“主动试水，但避免被拖下水”的策略，继台海问题之后，将南海问题作为遏制中国的一个重要抓手。

近来，美军高调宣布派出航母战斗群进入南海，继而又称该航母战斗群被中国舰船“包围”，称“这种情况前所未有”。这让世人不得不再度关注美军在南海炫耀武力、制造紧张的根本目的及其危害性。美国虽然宣称在南海问题上不持立场、保持中立，但很多时候是在纵容、甚至鼓动菲律宾、越南在南海问题上挑战中国。美国前国务卿希拉里在访问菲律宾时故意忽略“南中国海”这一国际社会通用地名，而改称“西菲律宾海”；美国参议员利伯曼公然声称中国石油企业在南海的正常招标行为侵犯了越南“主权”；这哪里是什么“不持立场”？

首先，美国以维护“航行自由”为借口在南海搅局。美军派出“拉森号”和“威尔伯号”驱逐舰，以维护“航行自由”为借口，未经中国政府允许，分别擅自进入中国南沙群岛有关岛礁邻近海域和西沙群岛领海进行挑衅，严重威胁中国主权和安全，破坏地区和平稳定，是对国际法上“航行自由”的滥用。其次，美军南海搅局的目的是要遏制中国，维护美国地区霸权地位。在南海问题上，美国有一种论调，声称中国在南海维护主权的行动是在试图争取“西太平洋的主导权”，而中国一旦取得这一主导权，就要挑战美国的全球霸权。美国《海军时报》称，美军派出“小型无敌舰队”，就是要“对抗中国”。今年4月，美国国防部长卡特在菲律宾登上航空母舰，在南海炫耀武力，助长了菲律宾等国在南海挑衅中国的底气，破坏地区和平与稳定。

“航行自由”

关于“航行自由”，《联合国海洋法公约》规定：所有国家的船舶都有在公海上航行的权利，并享有在公海的任何区域完全无阻碍地自由航行的权利；每个国家，不论是沿海国还是内陆国，均有权在公海上行驶悬挂其国旗的船舶，内陆国有出入海洋的权利和过境自由；在公海上航行的船舶，除受船旗国的管辖和国际法的限制外，不受其他国家的支配和管辖，不受任何强制性的海上礼节的约束。需要说明的是，公约规定的“航行自由”有空间范围约束，只能限于领海之外，在领海以内航行必须接受主权国家的有效管理；“航行自由”必须是无害航行，不能从事威胁他国安全、干扰破坏合法商业和社会活动的行为。

日本趁机在南海蹚浑水，为在东海长期霸占钓鱼岛捞取筹码。日本对南海问题的重视程度远远超乎想象，向相关国家出售武器，借助别国力量抗击中国。日本高调宣布向菲律宾出售军事装备，其中包括1000吨的巡逻艇，企图增强周边国家海上军事实力，并利用它们对抗中国的图谋昭然若揭。与美国及南海地区国家频繁举行联合军事演习，协调与南海周边国家军事行动。日本积极参与美国主导的南海军事演习，不断深化针对中国的同盟国协作关系。日本参加了美国、泰国两军每年举行的东南亚最大规模演习“金色眼镜蛇”，还参加美菲“肩并肩”联合军事演习。日本插手南海问题，谋求借此与东海问题、钓鱼岛问题进行“挂钩”，增强与中国谈判筹码，转移中国在东海和钓鱼岛问题上对日本的压力。在中菲“黄岩岛事件”发生后不久，日本提出向菲律宾提供至少10艘巡逻艇，趁机蹚浑水、火上浇油。在2016年5月举办的G7峰会上，日本也不忘在国际场合塞进私货，炒作南海问题，渲染紧张局势，牵头G7对抗中国。

印度外交纵横捭阖，也试图在南海问题上捞一杯羹。印度的战略目标是成为世界大国，20世纪90年代通过与东盟非传统安全合作，将军事触角深入到南海，极力把自己的势力和影响从印度洋向东南亚和南海扩展，介入南海争端，强化在南海的军事影响。印度利用中国与越南、日本等国在南海海域、东海海域的领土争端，加强与这些国家的军事合作，共同对付中国。印度与越南签署一系列军事合作协定，向越南出售近海巡逻舰、快速攻击艇和超音速反舰导弹，以增强越南武力侵占南沙群岛的实力，妨碍中国通过和平谈判的方式解决南海问题。印度从其自身战略利益出发，不愿看到中国和平崛起的势头，害怕中国海军进入印度洋，损害印度在印度洋的既得利益。印度试图扰乱中国解决南海争端的部署，将中国的精力围困于南海无休止的纷争中，从而无暇顾及印度洋。借机增强与美日等国的战略合作，迎合美日等国希望南海局势复杂化的企图，扩大在该地区影响，极力搅乱南海局势，阻滞中国解决南海问题，进而遏制中国快速崛起，为解决中印边界争端争取优势。

澳大利亚也来凑热闹，南海再添新变数 。2015 年 12 月，澳大利亚派遣飞机飞越了南海争议岛屿上空，并向中国海军发出挑衅性呼叫，表示自己正在“行使自由航行权”。该举动明显是对中国主权声明的直接挑衅。澳大利亚在华盛顿无暇顾及南海之际，接替了美国挑起大梁，继续在南海问题上向中国施压，并向美国的其他地区盟友作出表率。虽然澳大利亚远离中国大陆，但其在距离上更接近南海，伴随着越来越多的国家介入南海问题，澳大利亚中立的立场也逐渐出现松动，也想在南海这块大蛋糕中分得一块，在行动上间接力挺美国，同意美国驻军达尔文港，将其打造成为美国进军南海的后勤基地。随着美国介入南海问题力度的加大，澳大利亚也逐渐参与针对中国的行动，特别是自从美国军舰和飞机接连进入南海之后，澳大利亚似乎大受鼓舞，在南海问题上更赤裸裸地公开支持并配合美国，使本来就日趋复杂的南海局势再添变数。

❖ 2014 年 6 月 6 日，约 140 名美国和澳大利亚军人搭乘日本海上自卫队“国东号”运输舰抵达濒临南海的越南中部岘港。

菲越兴风作浪　强化实际控制

菲律宾、越南等国，不断增加军费投入，加快更新武器装备，积极提高海军实力，企图实现武力侵占南海岛屿永久化。越南媒体多次进行“不惜对中国一战、坚决捍卫南海主权”的舆论动员。越南还向俄罗斯购买“基洛”级潜艇，甚至企图在马六甲海峡附近设立“潜艇伏击区”，在战时封锁海上战略通道，形成“不对称优势”。菲律宾以海、空军建设为重点，以发展高技术武器为突破口，推进“武装部队现代化计划”，不惜花费重金从国外采购先进武器装备，大幅提高海上作战能力。

处心积虑绑架东盟，增加与中国抗衡的筹码。众所周知，南海问题从其本质上讲，是中国与相关声索国之间的领土主权争议和海域划界争端，和东盟没有直接关系。但近年来，菲律宾、越南等国在强化内部勾连的基础上，积极推动南海问题东盟化甚至地区化，企图绑架东盟，维护其既得利益。越南多次想在东盟峰会上提出南海主权问题，均因中国反对而流产。在东盟峰会上，菲律宾极力将南海争端纳入东盟议题，并试图力推东盟内部先就南海争端达成统一立场，然后再与中国会谈，遭到其他一些国家的反对，并没有达到目的。中菲黄岩岛海域对峙事件爆发后，菲律宾呼吁东盟国家就南海问题表明立场，可惜应者寥寥，菲律宾冒险行为在东盟内部并没有获得支持。

南海问题的多边化、军事化、国际化态势将进一步显现。中国主张南海争议以一对一的方式由当事国和平谈判解决，但是东盟却成了南海有关当事国上演“外交连横”的平台，使得南海问题扩展到整个南海区域，将东盟有关非声索国也拉了进来。针对中国通过的领海法和与美国克里斯通公司签订万安滩的石油合同，东盟外长在马尼拉召开会议，通过《关于南中国海问题的宣言》，这是东盟首次在南海问题上发声。越南加入东盟后，中国更面临东盟扩大和集体“抱团”对抗的局面。越南与菲律宾一道，成为在南海问题上挑战中国的急先锋，使中国陷入了与东盟多边辩论或讨论南海问题的局面。南海问题国际化存在两方面的因素：一方面是以美、日、印为代表的域外大国谋求直接插手南海问题；另一方面是域内有关争端国和东南亚国家希望引入域外大国，进行所谓的“大国平衡”。

蓄意制造话题　背后动机微妙

南海“军事化”，这是过去两年美国涉南海表态中出现频率越来越高的一个词。美国的逻辑是，中国在南海“填海造岛”是用来进行军事部署的，中国的军舰军机出现在这里就是“军事化”，是引起南海紧张的一个根源。中国在自己的岛礁上建设防御设施，是履行国际法赋予的自保权。反观美国，一边不断炒作和渲染“军事化”以给中国扣大帽子，一边却又多管齐下、层层加码，在南海大肆展示武力，显然是地区“军事化”的始作俑者和助推手。事实上，美国戴“军事化”这顶帽子最合适。

回溯历史，南海“军事化”的源头恐怕当属美国自己。美军太平洋舰队发言人坦言，美军在包括南海在内的西太平洋执行日常行动已持续几十年。而美国“亚太再平衡”最具有战略意义的动向，就是宣称至 2020 年将把 60% 以上的海军力量放到亚太，这无疑又给南海争端蒙上了一层阴影，也再次显示了美国继续以军事化手段介入南海问题的趋势。同时，美军在中国海域附近的抵近侦察也愈发肆无忌惮。相关统计显示，美军飞机 2009 年派出侦察飞机约 260 余架次，2014 年已超过 1200 架次。2015 年以来，美国又以所谓在南海进行“航行自由行动”为由进入渚碧礁邻近水域；美军太平洋舰队司令亲自乘 P-8A 侦察机“巡航”；美军甚至擅自进入中国西沙群岛领海水域。除自身挑衅以外，美国还筹划在相关海域扩大军事演习的规模和次数，并努力深化与菲律宾等南海争端当事国的军事同盟及合作关系。2015 年以来，美国甚至还试图将日本、澳大利亚、印度等地区盟友和伙伴拉入“南海联合巡航”的队伍。

中国对南海诸岛及其附近海域拥有主权，美方却指责中方搞“军事化”，人们不禁要问，究竟是谁在南海搞“军事化”：多年以前南海个别国家就在其非法侵占的岛礁上修建了导弹阵地、雷达站，部署了大量坦克、火炮，这算不算搞“军事化”？美国作为域外国家，派军用舰机擅自进入中国有关岛礁邻近海空域和领海，对中国进行挑衅和高频度的抵近侦察，这算不算“军事化”？美国拉拢诱压盟国和伙伴，在南海搞针对性极强的“联合军演”和“联合巡航”，中国在自己的岛礁上建设防御设施，只是履行国际法赋予的自保权。中国在南海岛礁上建设的不仅是必要防御设施，更多的是民用设施，是向国际社会提供公共产品，这与所谓的南海“军事化”没有关系。“军事化”这顶帽子扣不到中国头上，有更合适的国家可以戴。

“航行自由”，这是自 2010 年美国开始抓住南海问题不放以来，在其官方表态中出现频率最高的一个词。美方经常提到南海是太平洋与印度洋之间的重要航道，每年大批货船途经南海，维护“航行自由”至关重要。美国在此拥有重要利益，因此关切南海问题，进而指责中国的言行影响到南海“航行自由”。事实上，航行自由在南海从来不是问题，不要说商船，就连美国的军舰军机，按美方最近的说法，“在南中国海例行运作已有数十年之久”。近年来，美国在南海问题上动作频频，无一例外地打着同一个旗号——“航行自由”。2015 年 10 月，美方派“拉森号”军舰进入中国南沙群岛有关

❖ 进入南海岛礁领海的美国海军“拉森号”驱逐舰。

岛礁邻近海域，12 月，两架美国 B-52 战略轰炸机又擅自进入中国南沙群岛有关岛礁邻近空域，并事后称那只是“误入”。无论是明目张胆地“闯入”还是“误入”，美方的真实目的都是要加强在南海地区的军事存在，肆意挑衅中国的领土和海洋权益。美军的活动使南海失去了往日的和平与安宁，加剧了这一地区的紧张局势。对南海航行自由真正构成威胁的不是中国，而恰恰是美国自己。事实上，所有国家在南海的航行和飞越自由从来没有受到过影响。“航行自由”只是美国干预南海问题的一个借口。美方此举的主要目的是，为菲律宾等国家撑腰打气，支持其在南海问题上继续对中国进行挑衅，以换取这些国家对美国“亚太再平衡”战略的支持，牵制和迟滞中国的和平发展，维持美国在亚太地区的霸权地位。

在南海，每年 10 万多艘各国船只安全自由通过，没有任何问题。南海的航行一直保持自由、安全和畅通，给东亚地区的合作和发展提供了必不可少的便利。作为世界第二大经济体和世界头号贸易大国，中国比世界上任何国家更关心南海的航行安全与自由。中国一向主张各国依据国际法在南海和世界各地享有航行和飞越自由，但这绝不等于外国军舰、军机可以随意进入一国领海、领空。中国绝不允许任何国家以“维护航行和飞越自由”为名侵犯中国在南沙群

“无害通过”

所谓“无害通过”，是由《联合国海洋法公约》规定的一项适用于沿海国领海内的船舶通行制度。具体指外国船舶在不损害沿海国安全和良好秩序的前提下，迅速地和连续不停地通过沿海国的领海而无须事先通知或取得沿海国的许可。然而《公约》仅规定了所有船舶均享有无害通过领海的权利，却没有直接对“无害”作出明确定义，而只对有害活动作出了列举性的规定，从而出现分歧——军舰在沿海国领海内的无害通过，是需要得到沿海国的事先同意或通知，还是可以自由通行？一般来说，海洋大国多强调自由使用论，而发展中国家则多采取事先同意论。中国在批准《公约》时也曾声明：《公约》有关领海内无害通过的规定，不妨碍沿海国按其法律规章要求外国军舰通过领海必须事先得到该国许可或通知该国的权利。

2015 年 11 月 4 日，菲律宾三描礼士省，美军“基韦斯特号”攻击型核潜艇停靠在当地苏比克湾自由港。

岛的领海和领空。中国一贯尊重和支持各国依国际法在南海享有的航行自由，但并不意味着允许任何人以“航行自由”为借口损害中国主权、安全和海洋权益。以“航行自由”为名，刻意模糊商业航行与军事活动之间的区别，企图让自己的军舰可以肆无忌惮地想到哪就到哪，军机想怎么飞就怎么飞，说穿了，其实就是“横行自由”，是霸权主义。

南海潮来潮去　历史检验主客

中国对南沙群岛拥有无可争辩的主权。早在汉朝时，中国人已经发现经南沙群岛到印度洋的航线。此后，历代政府不间断地对南沙群岛行使主权并进行实际管辖。从最早发现到开发利用，再到拥有主权，中国都远远早于其他国家。20 世纪 70 年代前，英、美、法、日、苏等国出版的《世界地图集》，以及各种文献和权威的百科全书均清楚地将南沙群岛标属中国。20 世纪的五六十年代，越南多次承认中国对南沙群岛拥有领土主权。1956 年 6 月，越南副外长雍文谦声明，“根据越南的资料显示，西沙群岛和南沙群岛应属中国。”这是越南政府关于南海诸岛归属的首次言论。菲律宾、马来西亚、文莱等国虽然没有直接承认中国对南沙群岛拥有领土主权，但一些资料显示，这些国家间接承认了中国对南沙群岛的领土主权。

多年来，经过中国和东盟国家共同努力，南海在没有外部势力干预和介入的情况下总体保持了和平稳定。中国一直积极倡导、坚决维护南海航行和飞越自由。中国是世界主要贸易国，南海是重要的国际航道，南海局势不稳，受损的首先是包括中国在内的地区国家，对其他国家也无益处。南海航行和飞越自由从来就不存在问题，本地区国家有意愿、也有能力把它继续维护好。中国在自己的岛礁上开展建设合理合法，不针对、不影响任何国家，有利于维护航行自由、应对海上灾难，谈不上“军事化”。有关国家行使航行和飞越自由，应充分尊重本地区沿海国家的主权和安全。中国主张南海有关争议由直接有关的主权国家谈判协商解决、南海和平稳定由中国和东盟国家共同维护的“双轨思路”，即有关争议由直接当事国通过友好协商谈判寻求和平解决，而南海的和平与稳定则由中国与东盟国家共同维护。

❖ 西沙群岛永兴岛，该岛是中国海南省三沙市人民政府所在地。

近几年，美国谈南海问题时言必称国际法，要求中国尊重“法治”，并在菲律宾提起南海仲裁案之后，又一再要求中国接受裁决，声称国际仲裁庭的裁决对菲律宾和中国有同等约束力，似乎中国在南海不按国际法行事。相反，美国成了遵守国际法的“典范”。实际上，美国故意绕开了一个重要事实：中国不接受南海仲裁是《联合国海洋法公约》赋予的正当权利，完全是在依法行事。菲律宾一意孤行推进仲裁案，显然有幕后指使和政治操作。根据《公约》第 298 条特别规定，缔约国可以向联合国秘书长提交声明的方式，排除强制仲裁程序适用于领土归属、海洋划界、历史性所有权、军事利益等海洋争端。中国政府早在 2006 年，就作出排除强制性仲裁的政府声明。全球作出类似声明的有 30 多个国家，这些排除性声明一并构成《公约》不可分割的组成部分，应得到各方尊重。菲律宾提交的南海仲裁诉讼，涉及的是领土归属、海洋划界、历史性所有权、军事利益等海洋争端问题，中国享有免受涉及这四类问题国际仲裁的权利。因此，中国不接受南海仲裁案，完全是在依法行事，是在行使《公约》赋予当事国的合法权利。在南海争端上，中国站在历史、逻辑、法律和正义的一边。到目前为止，已有 40 多个国家表态支持中国南海立场，上海合作组织外长理事会以新闻公报的形式对中国在南海问题上的立场表示支持。而菲律宾的做法，恰恰是不合法、不守信、不讲理，不仅违背了在中菲双边协议中作出的承诺，也违背了提出仲裁应由当事方协商的国际实践和法定义务。南海仲裁案的仲裁庭也不是国际法院或常设仲裁法庭，而是由联合国海洋法法庭前庭长日本人柳井俊二指定的五位仲裁员组成的临时仲裁庭，擅自扩大自身管辖权限，罔顾争端事实和法律，执意推进仲裁和作出裁决，这样的裁决本身就是非法的，也不具有法律效力。对于这样一场走了调、变了味的所谓“仲裁”，中国恕不奉陪。中国坚守自己的底线，那就是维护在南海的主权。在南海的舞台上，潮来潮去，“历史终将证明，谁只是匆匆过客，谁才是真正的主人。”

6

此地无银三百两

——怎么看日本内政外交走向

2015年，是抗日战争胜利70周年、中国被迫签订“二十一条”100周年、中日甲午战争120周年，也是《马关条约》签订120周年。在这一年里，中国人民纪念了抗日战争胜利70周年，日本首相安倍晋三发表了“战后70周年谈话”。中日两国试图缓和关系，然而安倍内阁一意孤行，促成新安保法案，与美国共同发布新版《日美防卫合作指针》，在南海等中国周边问题上更是动作频频。该如何评价过去这一年日本内政外交的举措？中日关系又将走向何方？

“安倍谈话”缺诚意

安倍没有选择8月15日这一投降日来发表谈话，而是提前一天。这一时间安排本身就颇值得玩味。很显然，安倍的一层考虑是要将自己的谈话与“村山谈话”相区隔，玩“此地无银三百两”的把戏；另一层心思则是回避“投降”这一主题，刻意“顾左右而言他”。

总体而言，“安倍谈话”通篇都在努力寻找各方立场的平衡点，听起来隐晦含糊、闪烁其词、诚意不足。在追溯日本对外发动战争的原因时，安倍片面强调日本的“被动性”。他首先说，日本也是殖民统治的受害方，在西方殖民浪潮中面临巨大压力，只是因为在亚洲率先实现立宪政治，才守住了国家的独立、避免了被殖民的历史。随后，他强调日本发动对外战争的外部原因，即在经济危机背景下，欧美各国抢夺殖民地、推动区域经济集团化，给日本经济造成重大冲击，日本孤立感加深，想通过实力来解决外交和经济上的困境。至于国内原因，他只是轻描淡写地提到，在当时情形下，日本的政治体制未能予以阻止。

“安倍谈话”的总体逻辑是，当时的世界大环境是导致日本发动对外战争的根本原因，日本国内的政治体制只是未能有效阻止这一事态的发展。此外，安倍在措辞上故意用“试图依靠实力解决外交和经济上的困境”“国际秩序挑战者”“走上了战争的道路”等词汇，而故意不用“对外发动侵略战争”等措辞，玩弄文字游戏的意图显而易见。其实，对这一谈话稍加分析就会发现其“致命伤”。安倍在谈话中只强调了外部客观原因和国内体制层面的原因，但对战争的具体实施主体却避而不谈。回避了发动战争的主体，怎可能深入剖析战争的原因？怎可能深刻反省战争的罪责？怎可能让国际社会感受到谈话的诚意？

在回顾战争带来的灾难时，安倍刻意强调战争也给日本带来了巨大灾难。他强调有 300 万日本人死于这场战争，强调广岛、长崎遭受原子弹打击。在谈到受侵略国家死难者时，他却表示，这些人除死于战争之外，还死于粮食不足等原因。他想传递的信息无非就是“其他国家的死难者并非都源于日本的侵略”。在“慰安妇”问题上，安倍始终未明确使用这一概念，而是用“被严重伤害名誉与尊严的女性”来代替。他对于战争给受害国带来的灾难不愿多提，但对于战争受害国人民对日本人的宽容却刻意强调，表示必须将此事挂在心上。在全篇的语境下理解，他强调受害国人民的宽容，与其说是为了感恩，不如说是在向周边国家政府和人民施压，潜台词是：你们的前人已经原谅了日本，你们应该像他们一样宽宏大量，不再提战争这一茬。

在反省和道歉问题上，安倍强调日本战后出生的人已经超过八成，强调“不能让与战争毫无关系的子孙后代担负起继续道歉的宿命”。他只是说要正视历史，以谦虚的态度继承过去，但绝口不提明确承认错误、为对方国家死难者道歉等内容。可以说，“安倍谈话”主要照顾了国内右翼保守势力的感受，显然没有达到亚洲国家的普遍期待。

政局右倾难逆转

“安倍谈话”首要政治考虑还是契合国内政治右倾化的整体态势。自 20 世纪 80 年代中后期以来，日本经济长期处于低迷状态。经济泡沫破灭，金融业长期不景气，消费能力不足，失业率高企，经济长期处于“紧缩怪圈”的恶性循环之中。人口老龄化、后发优势消失、经济结构调整升级不力，导致日本经济至今尚未摆脱长期低迷的状态。1991 年至 2014 年，日本经济年平均增长率仅为 0.9%，国内生产总值占世界的比重逐年下降，从 2000 年的 15% 下降到 2014 年的 8%。有日本学者预测，按此势头下去，到 2025 年日本国内生产总值可能会降到世界第六位。

从 2012 年底开始，安倍政府开始实施一系列刺激政策，力图推动经济摆脱 20 多年长期低迷的状态，推动经济复苏回升。其主要举措就是大量发钞、扩大财政支出和改革经济。但是，日本经济在经历了 2013 年的短暂复苏之后，2014 年再度出现下滑。据日本央行估算，2015 年日本国内生产总值增长率也只有约 1.1%，而在其他一些机构看来，这一估算还属于比较乐观的。由于“安倍经济学”无法解决劳动力短缺、财政空虚、产业空心化等结构性问题，日本经济的长期前景仍然不乐观。

经济的低迷明显影响着日本的社会心态。日本国民正变得更不自信、更保守，更不愿面对外部世界，对世界的了解更为有限。尤其是，中国经济与日本形成鲜明对比，国内生产总值占世界比重从 2000 年的4%上升到2014年的14%。面对中国综合国力的持续提升，对华“心态失衡”将成为日本今后一段时期的“新常态”。有日本学者根据统计数据表示，当前99%的日本人认为中国是日本最大的威胁。这种整体性的国民心态导致了日本政治难以扭转的右倾化趋势。

日本社会总体右转，民族主义情绪上升，更为强调军事力量建设，更为强调对领土的索求，更为强调国家主义精神，在历史认识问题上也出现倒退。而保守的自民党在修宪、自卫队、集体自卫权等问题上的传统立场正可以迎合民众的情绪，迎合社会右倾化的趋势。在2012年众议院选举和2013年参议院选举中，自民党执政联盟大获全胜，取得压倒性优势。在2014年众议院选举中，自民党再次获得大胜，日本政坛呈现出自民党“一党独大”的局面。

曲线修宪意图明

“修宪”可谓自民党的立党根基，自民党的诞生就与修宪紧密相连。1955年，原来的自由党和民主党合并为自由民主党，目的就是争取两院的三分之二多数以实现修宪。自民党所谓修宪，主要是要修改当年美国太平洋盟军总司令麦克阿瑟主导制定的《日本国宪法》（又称“和平宪法”）。这一“和平宪法”的第九条有如下表述：“日本国民衷心谋求基于正义与秩序的国际和平，永远放弃以国权发动的战争、武力威胁或武力行使作为解决国际争端的手段”；“为达到前项目的，不保持陆海空军及其他战斗力量，不承认国家的交战权”。自民党的修宪，主要目标就是要修改第九条的这一表述。

早在第一次担任首相期间，安倍就于2007年提出并推动通过了《国民投票法》。其主要内容是，经众议院和参议院各三分之二同意通过的宪法修正案，在60至180日内须提交国民投票，18周岁以上的日本国民拥有投票权，不设最低投票率限制，只要过半数，宪法修正案即正式通过。这一法律的通过，为修宪彻底解决了程序上的问题。第二次担任首相后，安倍更是将修宪作为其最重要的目标。

早在 2013 年 2 月 15 日出席自民党宪法修正推进总部会议时，安倍就强调要将修宪定位为“需解决的重大课题”，表明了他要在任期内实现修宪的强烈意愿。而且，在修改宪法的步骤上，安倍越来越注重“战略韧性”。为争取最终实现对“和平宪法”第九条的修改，他采取了一个迂回战术，即先设法修改宪法第九十六条，以降低修宪门槛；待这一步实现之后，再着手推动修改第九条。

❖ 2015 年 11 月 10 日，旨在实现修宪的市民团体“创造美好日本宪法的国民会”在东京的日本武道馆举行集会，呼吁开展全民讨论。据主办方称约有 1.1 万人参加。

不仅如此，在修宪进展不顺的情况下，他还利用内阁对宪法的所谓“解释权”，寻求从实际效果上为“集体自卫权”松绑，力图使“和平宪法”名存实亡。2014 年 7 月 1 日，日本政府临时内阁会议通过“国家安全保障法制整备相关问题决议”，修改宪法解释，解禁了“集体自卫权”。决议提出，在日本的存亡受到威胁等情况下，允许最小限度地使用武力，以及为阻止关系密切的国家受攻击，自卫队可以在海外参加战争。这一决议的逻辑是，宪法虽然禁止使用武力，但也规定政府要保护人民的安全，所以应允许最小限度地使用武力。日本使用武力要遵守国际法，而《联合国宪章》赋予各国以使用“集体自卫权”的方式保护自身安全。与此同时，由于国际形势发生了巨大变化，一国难以单独维护自身安全，日本需要依靠日美同盟以及与其他盟友的合作。当这些盟友受到攻击时，意味着日本的安全也受到威胁，所以也应给予支援。

2015 年 5—9 月，安倍强行推动参众两院通过《和平安全法制》，也就是日本新安保法案。该安保法案由两部分组成，一部分是由《自卫队法》《武力攻击事态法》《周边事态法》《联合国维和行动合作法》《俘虏对待法》《国家安全保障会议设置法》等十部法律的修正案综合构成的《和平安全法制整备法案》；另一部分是为应对国际事态与他国军队开展合作和提供支援的《国际和平支援法案》。新安保法案表明，日本防卫思想已经从本土防卫转向对威胁因素的“抑制”，甚至是域外使用武力消除对日本的威胁。此次新安保法案中，多次提到“存立危机事态”，说明日本已将武力守卫的范围从本土扩展到域外，且将武力使用的标准从客观的本土受攻击改为主观的“存立受到威胁”。应该说，这一举动已经从根本上否定了“和平宪法”的制度，真的使“和平宪法”名存实亡了。

修改“自卫权发动三要件”

早在 2014 年讨论解禁“集体自卫权”时，安倍政府就谋划修改“自卫权发动三要件”。过去日本政府规定，自卫队必须在本国受到紧急而非法侵害、无法采取其他适当手段阻止时才可使用武力，且武力必须限于所需的最低限度。安倍政府将第一个条件改为：“发生对我国进行武力攻击，或对与我国有着密切关系的其他国家进行武力攻击的事态，导致我国存亡受到威胁，国民的生命、自由及追求幸福的权利有从根本上发生改变的明确危险”，也就是所谓“存立危机事态”。

安倍极力推动新安保法案，标志着日本由专守防卫的所谓“消极和平主义”转向了积极进取防卫的“积极和平主义”，日本朝着“正常国家化”的目标又迈进了一步。显然，安倍的野心绝不仅止于此。2015 年 11 月，他在参议院预算委员会上就表示，应在日本“和平宪法”中新增“紧急事态条款”。显而易见，修改安保法案的目标既已完成，修改“和平宪法”将成为其下一个目标。

新版指针指向谁

安倍不仅利用国内社会右倾化趋势推动修宪，而且也企图利用外部战略环境的变化来推动实现其战略意图。具体而言，安倍政府利用美国推出“亚太再平衡”战略的时机，不断进行自我“松绑”，以实现解禁“集体自卫权”、应对中国崛起等多重目标。美国在实施“亚太再平衡”战略过程中希望“与包括日本在内的国家强化区域同盟与伙伴关系”，视美日同盟为亚太地区安全机制的基石，视日本为外交上的坚定朋友、经济上的重要伙伴、安全上的不沉基地，希望日本发挥更大的作用。这正契合了日本强化日美同盟、在国际海洋事务中发挥更大作用、削弱中国日益增长的影响力等方面的诉求。为此，安倍政府积极推动新版《日美防卫合作指针》的出台。

2015 年 4 月 27 日，安倍访美期间，日美安保磋商委员会发表新版《日美防卫合作指针》。这是时隔 18 年后，日美两国再次对《日美防卫合作指针》进行修改。1978 年的《日美防卫合作指针》只针对“日本有事”，规定日本向美国提供军事基地，美国负责日本的安全。1997 年的《日美防卫合作指针》将合作区域从日本扩大至“周边”，除日本要为美军提供后勤支持外，还规定日本要对自身安全负首要责任，美国则提供辅助性支援。2015 年的《日美防卫合作指针》在合作地域、合作领域、合作机制上都有了较大突破。

首先，在地域范围上，新《日美防卫合作指针》强调日美防卫合作是为“维护亚太地区及其他地区的安定、和平与繁荣”，强调“日美同盟具有‘全球性’特征”。其次，在合作背景上，新《日美防卫合作指针》将第二版中的“平时”“日本遭受武力攻击时”以及“发生‘周边事态’时”三种情况扩大为“平时”“对日本的和平及安全产生威胁时”“日本遭受武力攻击时”“日本以外国家遭受武力攻击时”“日本国内发生大规模灾害时”等五种情况，实现了从“平时”到“突发事件发生时”之间的“无缝衔接”，大幅扩展了可开展合作的事态。再次，变“周边事态”为“重要影响事态”，不仅在地域范围问题上没有了限制，而且在为事态定性方面为当局提供了更大的主动权，进一步减少了硬性约束。最后，日本不再只是被保护的角色，而是能够发挥更大作用，在日美军事同盟中与美国的地位更趋平等。根据新《日美防卫合作指针》，美国遭受攻击时，日本可施以援手，日本对美国的支援范围由东亚扩展到全世界，日本可以更平等地与美国参与全球事务。

毫无疑问，这一《日美防卫合作指针》针对中国的意味强烈。不仅内容中明确说明“尖阁群岛”①是日美安保条约第 5 条的适用对象”，而且安倍还直言“亚太地区有朝鲜威胁。中国在东海、南海也在进行军事扩张活动。为了妥善应对这些情况而制定了新的指针”。

插手南海为哪般

日本不是南海争端当事国，但从 20 世纪 90 年代末开始就寻求逐步介入南海问题。近年来，随着南海问题的升温，日本明显加大了介入力度。

第一，日本在深化日美同盟体系的框架下，积极配合美军加强在南海地区的军事部署，不但与美国开展南海地区编队航行，而且还开展人员互乘、通信保障等方面的军事演习，不断提高协同作战能力。同时，日本还加强与美国其他亚太盟友的防务合作关系，加强与澳大利亚、印度等国之间的协调合作，组建在南海问题上对中国不利的所谓“亚洲民主安全菱形”（或曰“价值观同盟”）。2014 年 10 月，日本首次参加了美菲两栖登陆演习，2014 年 11 月 16 日，日、美、澳三国借布里斯班峰会之机探讨“海洋联防”，核心内容是推动三国应对中国潜艇的活动。2015 年 5 月底，日本防卫相中谷元与美国防长卡特、澳大利亚防长安德鲁斯在香格里拉对话会上举行三边会谈，

① 即我国的钓鱼岛。

发表联合声明，对中国在南海的岛礁建设表示“深切忧虑”，要求中国“立即停止此类活动”。

第二，日本通过各种方式鼓吹“中国威胁论”，推动南海与东海问题捆绑。日本故意炒作“南中国海似乎越来越注定会变成‘北京湖’”，刻意渲染中国在海空军力量方面相对于越、菲、马三国的绝对优势，极力制造对华军事恐慌。2015 年 7 月，日本防卫省专门针对南海问题发表题为《中国在南中国海的活动》的报告，从日本的视角回顾解读中国自 20 世纪 50 年代开始在南海的历次行动，大肆渲染中国的军事意图，却缄口不提南海归属的法理问题。与此同时，日本将南海问题与东海事务进行捆绑，将日本与东南亚国家“捆绑”描绘成楚楚可怜的“弱者”角色，拉拢东南亚国家共同站在中国的对立面。其目的是想通过在南海问题上“搅浑水”，减轻其在东海和钓鱼岛海域的压力，并趁机在冲绳等海域加快军事部署。

第三，通过制定和修改相关法案，为加强其在南海军事存在扫除制度障碍。2013 年 12 月，日本修订了新版《防卫计划大纲》，强调重视针对多重威胁的快速反应能力和机动能力。2014 年 4 月，日本通过了“防卫装备转移三原则”，将原来的“武器出口”改为“装

❖ 2015 年 5 月 30 日，日本防卫相中谷元（右）与美国国防部长卡特在新加坡会谈，就反对以实力改变南海现状达成一致。

备转移”，且里面关于装备的运用只使用“和平贡献”“日本安全”“妥善管理”等模糊描述进行限定，实际上大大放宽了日本出口武器的限制，使得“武器出口禁令”已经发生质变。2015 年 4 月，众议院强行通过海外派兵法案，使日本“可以与美国一起在南海巡逻”。再加上新安保法案，日本已经可以更自由地向东南亚国家出售武器，支持东南亚国家“海上安全能力建设”，帮助“保持抵挡中国日益增长的海上压力的实力及抵御力”了。

第四，日本还利用东盟地区论坛、东亚峰会、七国集团峰会等多国场合，大肆炒作南海问题，作出一副声援东南亚国家的姿态，助推南海问题国际化。2015 年 4 月，日本强行推动七国集团外长会议通过涉及南海问题的《关于海洋安全的声明》，文中表示，“我们将继续关注东海和南海局势，对类似大规模填海造地等改变现状及制造紧张局势的任何单方面行为表示关切。我们强烈反对任何试图通过威胁、强迫或武力手段伸张领土或海洋主张的做法。”针对中国的意味强烈。不仅如此，安倍政府目前正推动将南海问题炒到 G20 峰会和 APEC 峰会等多边场合，其真实用意可谓司马昭之心。

中日关系新特质

明眼人都知道，中国的崛起是难以阻挡的。日本经济不振、国力衰弱的根源不在中国而在自身，日本要成为政治军事上的“正常国家”，主要的阻力也不是中国而是美国。从经济上看，政府太过臃肿、人口严重老龄化、经济结构不合理等因素是日本经济长期低迷的主要原因。更何况，当前日本经济严重依赖中国，对中国经济的依赖率达到 18% 以上，将中国定位为对手甚至是敌人显然是不明智的。这非但不利于日本经济的复苏，反而可能导致其经济进一步陷入困境。

日本要成为“正常国家”，需要具备两个条件，一是正视历史，取得中国及亚洲其他国家的谅解；二是摆脱美国控制，实现政治军事上的独立自主。如果不能正视历史，中国及其他亚洲国家不可能承认其“正常国家”地位；随着中国综合国力的上升，日本拒绝正视历史的战略成本将会越来越高。同时，美国出于自身战略考量，可能会在“集体自卫权”、修改“和平宪法”等问题上对日本“故意纵容”，睁一只眼闭一只眼。但是，美国这样做只是为了让日本冲在制衡中国崛起的前沿，减轻自己的负担。在这一问题上，美国是有自己底线的，即日本的各种动作必须有利于美国总体战略布局，日本军事力量必须在美国战略框架的“体制内”加强，决不允许让日本的行为损害美国总体战略考量，也不会让日本真正成为政治军事上的“正常国家”。

从这个意义上讲，中日关系是在尚未完全走出历史问题阴影的情况下又走进了结构性博弈的阶段。因此，如何使两国关系尽量减少冲突，需要双方政治家的战略谋划和实际行动。化解历史恩怨、走向合作共赢，需要两国政治家的诚意和智慧。与此同时，同样显而易见的是，日本的行为举止更为关键。日本在心态上进行自我调适、在历史问题上进行真诚反省，是中日关系回暖和健康发展的先决条件。

7

核爆风云罩半岛
——怎么看跌宕起伏的朝鲜半岛局势

2016 年 1 月 6 日上午，年过七旬的著名朝鲜主播李春姬激情慷慨地播报称，朝鲜第一颗氢弹试验成功。朝鲜再次让世界震惊，半岛核问题也再次成为世界的焦点。

一声核爆世界惊

2015 年东北亚局势整体较为平稳。中韩关系进入历史最好时期，中俄关系进一步加强，中美继续推进新型大国关系建设，美国进一步夯实同韩日同盟关系，强化在亚太地区的布局。韩日就“慰安妇”问题达成一致，关系有所缓和。朝鲜也加强同俄日互动，展出了外交上的灵活性。

2015 年半岛局势依然处于“常态化军事对抗”。这一年既是朝鲜半岛光复 70 周年，也是南北分裂 70 周年。朝韩领导人在年初讲话中都曾提出这一年是一个重要年份，甚至释放出举行首脑会谈、寄望统一的信号。然而，新年伊始释放的善意却以年末双方政府间会谈“未就任何事项达成一致”的结果而告终。

往年的一幕幕仍在重复上演。韩美“关键决断”和“鹞鹰”两项年度联合军演如期启动。而在韩美军演启动日凌晨，朝鲜以试射短程导弹“回应”。虽然双方都称举行军演是“年度演习”或“正常训练”，但在舆论看来，双方举动都颇有“刷存在感”之意。

由于双方都采取了克制态度，军演并没有演变成大规模冲突。直至 8 月，“地雷事件”致朝韩军事紧张局势进一步升级。朝韩非军事区韩方一侧发生两次爆炸，两名韩军士兵重伤。韩国指责朝军埋设地雷，并时隔 11 年重启对朝扩音广播。韩军方还称西部边境地区遭到朝军“炮击”，并予以还击。朝方则否认韩方两项指控，朝鲜人民军前线部队进入“战时战备状态”，韩国军队也宣布进入最高级别警戒态势。一场你来我往的较量让朝韩关系陷入年度最低点。

为扭转急转直下的半岛局势，在各方斡旋下，朝韩双方于 8 月 22 日在板门店举行高级别对话，经多次反复休会和复会，终于在 25 日凌晨达成协议。令外界惊喜的是，协议不仅包括解除“准战时状态”、停止对朝扩音喊话等多项“化解危机”的内容，双方还取得了商定举行离散家属团聚活动、政府间务实会谈等“创造新机”的实质性进展。

作为落实“8·25”协议的具体举措，韩朝第二十次离散家属团聚活动和韩朝副部长级政府间会谈分别于 10 月和 12 月举行。然而，有关离散家属团聚活动扩大化和定期化两大议题依然没有进展，副部长级会谈也未就任何事项达成一致，甚至未敲定下次对话日期。

进入 2016 年，韩国总统朴槿惠在新年贺词中表示，将时时敞开对话之门，朝着和平统一的朝鲜半岛时代迈进。朝鲜最高领导人金正恩在新年贺词中则使用了较多笔墨谈及朝韩关系，称半岛统一是朝鲜迫切和重要的任务，今后将为改善朝韩关系和进行对话积极努力。金正恩并未言及核武力与经济发展并进路线。有观点认为，金正恩可能是因为朝鲜劳动党将于 5 月份召开第七次全国代表大会，因此在此之前不太想刺激周边国家。出于这种考虑，他在新年演说中没有提及与核有关的内容。于是各方纷纷对 2016 年朝鲜半岛局势的缓和抱有很大期待。

其实早在2015年12月10日，一条由俄罗斯媒体最先发布的新闻——金正恩宣布朝鲜拥有氢弹——一经传播，瞬间就登上了各大新闻的头条。该俄媒体称，朝中社援引金正恩的话称："我国已经能够成为一个准备好使用自主研制的原子弹和氢弹来坚决维护主权和国家尊严的核强国。"对于朝鲜的这番言论，大部分人表示"不能够"，似乎大家对朝鲜"惊世骇俗"的话语习以为常，谁也没料到朝鲜玩真的。

廿年制裁今最厉

尽管朝鲜这次试验的到底是原子弹还是氢弹还有待验证，但可以肯定的是，这次核爆使朝鲜半岛再次陷入高度紧张局势。其实，金正恩自继任朝鲜最高领导人以来，对内关注经济民生，对外寻求突破，朝鲜内政外交已经有所起色。然而，这一次金正恩再次让所有人的预判落空，捅了个"大马蜂窝"。

核试当日，中国外交部发表声明，称朝鲜民主主义人民共和国不顾国际社会普遍反对，再次进行核试验，中国政府对此表示坚决反对。外交部发言人还称，这次朝鲜进行核试验，中方事先一无所知。而朝鲜曾在进行此前三次核试验的一两天前和中美两国"打招呼"，但这一次朝鲜并没有事先通知。

朝鲜半岛的另一直接当事国韩国不出意外的反应激烈。韩国政府6日发表声明强烈谴责朝鲜进行氢弹试验，敦促朝鲜以不可逆的方法销毁全部核武器。韩国青瓦台国家安全室第一次长赵太庸当天发表政府声明表示，为了让朝鲜付出相应的代价，韩国将和同盟国家紧密合作，采取包括联合国安理会层面的制裁措施等所有应对手段。

声明还敦促朝鲜意识到，不管在什么情况下，韩方都不会容忍朝鲜拥核，朝鲜应根据安理会决议的规定，将所有核武器、核及弹道导弹项目等以完全、可验证、不可逆的方式进行销毁和处理。此外，针对朝鲜威胁韩国国民生命和国家安全的任何新的挑衅，韩方都将保持万全的应对体系。

据报道称，有 100 多个国家和组织对朝鲜核试验表示谴责。3 月 3 日，联合国安理会为应对朝鲜 1 月 6 日进行第四次核试验和 2 月 7 日发射卫星而通过了第 2270 号决议。这个决议也被认为是史上对朝鲜最严厉的制裁。这份决议的英文版长达 19 页。在制裁对象上，新增了 16 个个人以及 12 个机构，包括朝鲜负责开发核与导弹的原子能工业省和国家宇航开发局，总数增加至 60 个，几乎翻了一倍。禁止向朝鲜供应火箭燃料，禁止向朝鲜国营航空公司供应航空燃料，以及对所有进出口货物实行强制性检查，对武器实行全面禁运等，试图切断朝鲜获取外汇和走私武器技术的机会。主要出口中国的煤和铁矿砂，也被禁运了，这几乎构成朝鲜出口收入的一半。

从朝鲜核试验到联合国决议出台间隔的时间来看，第 1718 号决议仅用了 6 天，第 1874 号决议用了 18 天，第 2094 号决议用了 25 天，而这次第 2270 号决议则用了 57 天。这不仅反映出各方对第 2270 号决议的出台极为慎重，而且也反映出各方针对决议内容的分歧之大。主要的分歧点则在于美韩希望该决议能将煤炭、石油禁运也写进去，中国对此则坚决反对。分歧的本质在于，美韩与中国的出发点不同。

❖ 2016 年 3 月 2 日，美国纽约，联合国安理会一致通过决议，决定对朝鲜实施一系列制裁措施，并呼吁恢复六方会谈。

美韩的出发点是相信制裁越严厉越好，因而一味强调制裁。中国不仅强调制裁，更强调制裁后如何促使朝鲜回到对话的轨道上。也就是说，如果真的如美韩希望的那样，切断与朝鲜的所有贸易，不给朝鲜留下任何余地，那么朝鲜真有可能破罐子破摔，再也不会回到对话的轨道上了。第2270号决议不仅是这四个制裁决议中最严厉的，而且也可以说是联合国70余年历史上出台的最强有力的非军事制裁决议。该决议涉及范围包括金融、货物、矿物资源等非军事领域和武器方面，该决议案中有“对朝鲜居民处于困境深表忧虑”的表述，这是对朝制裁决议首次提及朝鲜人权问题。决议表示关切朝鲜人民遭受的严重困难，强调决议无意对朝鲜人道主义形势和经济活动造成不利影响。决议也重申各方须维护朝鲜半岛和东北亚地区的和平稳定，不采取任何可能加剧紧张局势的行动，并支持重启六方会谈及六方在“9·19”共同声明中阐述的通过和平方式实现半岛无核化，美国和朝鲜承诺彼此尊重主权并和平共处，促进经济合作等承诺。

然而史上最严厉的制裁真的能迫使朝鲜停止核试的脚步吗？

三方两派针锋对

韩国与美国是铁杆同盟，同患难、共进退。而朝美关系是朝鲜半岛问题的症结所在，一直以来朝鲜要求同美国对话，将停战协定转换为和平协议，屡遭拒绝；美国对朝“战略忍耐”，置之不理。三国两派并不复杂的关系，带来复杂的朝鲜半岛局势，几十年来“剪不断，理还乱”。朝鲜的第四次核试验，再次将这“三国杀”演绎得淋漓尽致。

韩国外柔内刚的女总统朴槿惠真的怒了，不惜关闭了朝韩之间的最后联系——开城工业园。从《朝鲜日报》2月13日的报道中可以感受到总统的愤怒程度。报道称，韩国统一部部长洪容杓2月10日发表的“全面中断开城工业园区声明”中几乎没有留下任何统一部所提交原案痕迹。也就是说，朴槿惠直接对提交的方案进行红笔

❖ 2016 年 3 月 16 日，韩国坡州，韩国政府以关闭开城工业区回应朝鲜第四次核试验及“射星”的一个月后，韩国驻该工业区的企业管理人员及员工与家属一道举行集会示威，要求政府重新开放工业区。

勾画修改。青瓦台相关人士表示“声明中的大部分内容无异于总统的亲口指示”，“包含了对朝方抛弃互信的愤怒”。2 月 16 日，朴槿惠在国会发表演说表示“现在我们要放弃朝鲜不会使用核武器的侥幸心理，摆脱仅依靠国际社会制裁的无力感，我们要引导国际社会的有力合作，我们必须动用一切可用手段解决朝核问题”。

3 月 8 日下午，韩国政府在首尔中央政府大楼公布了对朝单边制裁措施，内容涵盖金融、海运、进出口以及在海外的朝鲜营利机构消费四方面。同时，朴槿惠也迁怒于中国，不顾中国的强烈反对下决心开始就韩国部署末段高空区域防御系统（THAAD，萨德）一事同美国进行磋商。值得注意的是，2013 年朝鲜进行第三次核试验后，朴槿惠曾表示“政府虽应强力应对朝鲜的挑衅，但依旧不能放弃推进半岛信任进程”，而这次似乎终于没有耐心了。

比较之下，韩国的同盟美国则表现得沉稳多了。在朝鲜宣布氢弹试验成功后，美国白宫首先表示，“尚无法确认朝鲜成功试验氢弹爆炸”。然后政府高官例行公事似的在多个场合对朝鲜进行谴责。

同时，美国启动了驻韩美军与韩军紧急应对方案，派出 B-52 战略轰炸机飞抵半岛上空实施威慑。时隔一个多月，又派出诸如“北卡罗来纳号”核动力潜艇和 F-22（“猛禽”）隐形战机等重量级武器加强半岛军事部署。3 月 7 日，韩国和美国开始同时展开代号为“关键决断”和“秃鹫”的两场联合军演，这是自 2010 年 3 月“天安舰”事件以来韩美规模最大的联合军演。韩联社报道称，这次联合演习由超过 30 万名韩国军人和 1.5 万名美国军人参加。其间，美军出动战斗航空旅团、海军陆战队机动旅团、“约翰·斯滕尼斯”号核动力航空母舰、核潜艇等，其投入的战斗力量在质与量两方面都创下自 1976 年以来的最大规模。除“关键决断”和“秃鹫”两场联合演习外，韩美海军陆战队还展开“双龙训练”。规模同样是这一联合演习自 2012 年实施以来最大的一次。

❖ 2016 年 2 月 17 日，韩国乌山空军基地，美国驻韩中将和韩国空军指挥官在 F-22 隐形战斗机前开新闻发布会。此前美国向韩国派遣 4 架 F-22 隐形战斗机来回应朝鲜最近的核试验和远程火箭发射事件。

“秀肌肉”的同时，美国当地时间 3 月 15 日，奥巴马总统签署行政命令，对朝鲜实施新的制裁；美国财政部外国资产管制办公室 16 日宣布对朝鲜运输、矿业、能源和金融服务业，以及朝鲜有关人士实施制裁，将 17 个朝鲜政府机构和个人以及 20 艘船舶列入制裁名单。

除直接针对朝鲜的军演和单边制裁外，美国还频频向中国施压。

1月7日，美国国务卿克里与中国外长王毅通电话要求中美加强合作共同应对朝核，此后克里更是称中国对朝鲜采取的做法“已经行不通”。1月27日，克里访华，两国外长就朝核问题进行了讨论，但双方在制裁的具体内容上分歧明显。

“捅娄子”的朝鲜反而表现得颇为“激动”，尤其是随着国际制裁决议的通过，一时间竟是“谩骂与诅咒齐飞，火箭共导弹并射”，且看朝鲜的举动：

3月3日，朝鲜向东部海域发射6枚导弹。3月4日朝中社报道，金正恩指示朝鲜人民军要随时准备好发射已部署的核弹头。

3月7日，朝鲜国防委员会发表声明，警告将进行先发制人且“具有进攻性”的核打击。9日，《劳动新闻》发表文章《金正恩同志指导核武器兵器化工作》，文中称，金正恩强调“核先发制人打击权绝不是美国独占。如果美国拿核武器侵犯朝鲜的主权和生存权，朝鲜将毫不犹豫地先发动核打击”。

3月10日凌晨，朝鲜在黄海北道向朝鲜半岛东部海域发射两枚弹道导弹。同日，发表社论称“一旦敌人误判朝鲜彻底的报复意志，执意要发动冒险的军事侵略，朝鲜军民将以不堪设想的主体的战争方式一下子把所有挑衅据点化为火海、夷为平地。”朝鲜祖国和平统一委员会发言人当天发表谈话，宣布即刻起朝韩之间所有已发表的与经济合作交流事业有关的协议全部无效。

3月15日朝中社报道，朝鲜最高领导人金正恩表示，朝鲜不久后将进行核弹头爆炸试验以及能够装载核弹头的各类弹道火箭发射试验。16日，朝鲜最高法院以阴谋颠覆国家罪判处美国大学生比尔15年劳动教养。

3月17日，朝鲜常驻联合国代表团就美韩联合军演一事向联合国安理会发函，请求安理会就审议美韩联合军演一事举行紧急会议。18日，朝鲜试射中程弹道导弹，导弹穿过朝鲜半岛上空，飞出东海岸，落在日本海上。23日，朝中社报道朝鲜祖国和平统一委员会

❖ 2016 年 4 月 24 日，朝鲜媒体公开了金正恩 23 日观摩潜射弹道导弹试射现场照片。

发布“重大公报”，强烈谴责韩国空军演练精确打击朝鲜核心军事设施，称其新型大口径火箭炮将使青瓦台变成火海、将傀儡势力变成灰烬。

3 月 25 日，金正恩指导朝鲜史上最大规模军事演习，并表示：“一旦下达了攻击命令，首尔市内的统治机关将遭到无情的毁灭。我们将藉此完成祖国统一的历史伟业”。26 日，朝鲜发布宣传视频《最后的机会》，内容显示了朝潜射核导弹摧毁华盛顿的情景。29 日下午，朝鲜发射了性质不明的一枚短距离飞行物。韩军认为朝鲜发射的很可能是 300 毫米口径新型多管火箭炮。整个 3 月份，朝鲜动作频频，言辞激烈，直指韩美，以回应联合国的制裁和美韩的大规模军演。

进入 5 月，朝鲜劳动党第七次代表大会在 6 日如期举行，没有穿着“人民装”，而是十分罕见地穿上了深色西装、打上灰色领带的金正恩表示“朝鲜是负责任的持核国家”，俨然朝鲜已经是一个事实上的拥核国。在通过的《关于总结朝鲜劳动党中央委员会工作》决定书中提到，“依靠强大的核遏制力从根源上消除美国强加于朝鲜的核战争危险，维护地区和世界和平；只要核威胁和专横持续不断，将永远坚持经济建设和核武装建设的并举路线，从质和量两方面进一步加强自卫的核武装力量。”再次表明朝拥核决心。

透过眼花缭乱的局势变幻，其实不难发现，半岛大戏只是不断地重复上演，只不过 2016 年是以往的升级版本。但这次朝鲜的“战争边缘政策”是否可控，半岛会不会擦枪走火，令人担忧。

四个问题弄分明

1. 萨德反导系统之争。在朝鲜核试一周后，韩国政府宣布讨论引进萨德反导系统事宜，政策较之以前有了重大转变。中国驻韩国大使邱国洪 2 月 23 日在韩国国会会见韩国最大在野党共同民主党非常对策委员会代表金钟仁时表示，中方坚决反对在韩国部署萨德反导系统，如果韩国部署萨德反导系统，这会给中韩关系带来负面影响，中韩为发展双边关系所作出的诸般努力可能会在瞬间化为乌有。

2 月 24 日，韩国政府召见邱国洪大使抗议其涉萨德言论。韩国总统府青瓦台发言人郑然国 24 日表示，在韩国部署萨德反导系统纯属防卫性质，中方也应认识到这一点。3 月 4 日，据韩联社报道，韩美两国负责商讨驻韩美军部署萨德反导系统事宜的联合工作组当日正式成立。由此，韩美全面启动有关萨德反导系统部署日程、地点、费用等相关问题的磋商。舆论一致认为，韩国此举是为了报复中国对朝鲜所谓的“偏袒”。萨德之争由来已久。韩国之所以迟迟未答应美国，源于考虑中国的感受。但借助这次朝核危机，韩国政府和媒体指责中国对制裁朝鲜不够积极，甚至把朝鲜的作为怪罪到中国的“纵容”，指责中国对朝政策全盘失败。美国乘机和韩国政府再提萨德反导系统在韩国的落地，这一次，得到了韩国七成以上民众的支持。其实，相信朴槿惠作出这一步也是下了很大决心的，但这给本已经处于“历史最好时刻”的中韩关系，浇上一盆冷水。萨德反导系统一旦在韩国部署，中韩关系必将受到消极影响。

对于萨德反导系统，中国一向持反对态度。因为对于维护韩国国土安全，拦截朝鲜过来的导弹，美国在韩国部署的“爱国者”导弹防御系统，已经绰绰有余。而作为高空末端反导系统，萨德反导系统对朝鲜的导弹无非是杀鸡用牛刀，其 X 波段的雷达监测范围已经可以达数千米，可以覆盖朝鲜、中国的东北大部分地区以及俄罗斯的远东部分地区。也就是说，中国在自己国土内的导弹发射，都可以被萨德反导系统监控到，从而丰富美国对中国导弹的监控数据。

为此，中国外交部长王毅在多个场合就美国可能在韩国部署萨德反导系统表明了中方的反对立场，要求美方务必慎重行事，不要借机损害中国的安全利益，也不要给本地区和平稳定增加新的复杂因素。3 月 11 日，中国外交部长王毅更是火速访问俄罗斯。在莫斯科与俄罗斯外长拉夫罗夫会谈后共同会见记者时表示，美国在韩国首先部署萨德反导系统远远超出朝鲜半岛实际防御需要，直接损害中俄的战略安全利益，也将破坏地区战略平衡，引发军事竞赛。拉夫罗夫外长表达了相同立场。王毅曾表示“中国有两句古话：一句是项庄舞剑，意在沛公；还有一句是，司马昭之心，路人皆知。我们坚决反对任何国家借用半岛核问题侵害中国的正当权益。”一语道破了美国的心机。

可以看出，萨德反导系统的部署问题并不是这次朝鲜核试验的结果，而是长期以来美国整体战略的一个组成部分。而朝鲜这次核试使韩国失去耐性，给了美国一个突破口，借势实现美国亚太战略的对接，打造“亚洲版北约”以围堵中俄。

2. 朝核问题症结。在朝鲜核试验后，韩联社称，随着朝鲜搞突然袭击式的第四次核试验，国际社会的目光重新投向中国。因为虽然包括联合国安理会在内的国际社会很有可能追加对朝制裁措施，但为了确保这些措施能达到真实效果，中国的作用比任何国家都重要。1 月 7 日晚，中国外长王毅应约与美国国务卿克里通了电话后，克里在接受记者采访时说，“中国对朝鲜的做法已经失败”。克里说，“以往中国（在朝鲜问题上）有一套他们想采取的特殊做法，我们也尊重他们的意见，同意给中国空间让他们能够去贯彻这些做法，但今天在与中方通话中，我明确表示，这种做法已经行不通，我们不能再一切照旧。”

对于克里的说法，中国外交部发言人华春莹 8 日在记者会上表示，“半岛核问题的由来和症结不在中国，解决问题的关键也不在中国”。她说，中国是朝鲜半岛近邻。无论是着眼于维护东北亚地区和平稳定，还是维护中国自身良好周边环境，中国都坚持推进半岛无核化目标,这符合有关各方共同利益。中方也一直为此作出巨大努力。

事实也是如此，历史不会说谎，20 世纪 90 年代美国和朝鲜签署核框架协议，但由于美国对朝鲜经济援助没有到位，同时对朝鲜仍旧采取敌视态度，使得朝鲜的核问题愈演愈烈。朝鲜在发展核武器方面有其内部原因，但确实也有对外部安全极大焦虑的原因，所以才不顾国际社会谴责，自我隔离国际社会。自始至终中国都坚决反对朝鲜发展核武器，坚持半岛无核化。而且在联合国制裁朝鲜决议通过时，中国也表示支持。实际上，无论在历史上，还是朝鲜这次核试验都表明，朝核问题真正的症结是美朝问题。

3. 中方朝核问题三立场。外交部长王毅 2 月 12 日在德国慕尼黑接受路透社专访时表示，作为半岛的近邻和对半岛稳定负有重要责任的国家，中方有几点必须要坚持：第一，不管什么情况下，半岛都不能有核，无论是北方还是南方，无论是自己制造，还是引进部署。第二，不能用武力解决问题，那将使半岛生战、生乱，中国不会允许。第三，中国自身的正当国家安全利益必须得到有效维护和保障。25 日，王毅外长在美国战略与国际问题研究中心发表演讲，再次重申了三个立场。

可以说，这是中国对朝鲜半岛问题的三个底线，直接、明了地表明了中国对朝鲜半岛的态度，对南北双方的态度，也表明对某些国家意图不轨的态度，是底线也是红线。

4. 无核化与停和机制转换并进思路。外交部长王毅 17 日在北京与澳大利亚外长毕晓普举行第三轮中澳外交与战略对话后共同会见记者。在回答关于如何破解当前朝鲜半岛核问题困局时，王毅提出了中方愿与各方探讨实现半岛无核化与半岛停和机制转换并行推进的思路。

王毅外长表示，作为六方会谈的东道主，中方一直本着客观公正的立场，与各方积极探讨解决问题的可行途径。为此，中方提出实现半岛无核化与半岛停和机制转换并行推进的谈判思路。朝核问题由来已久，目前来看，六方会谈是最有效和最务实的平台和路径。朝鲜核试射星，连续违反安理会决议，理应为此付出代价。与此同时，各方不能放弃复谈的努力，不能放弃对半岛和平稳定承担的责任。这一思路旨在平衡解决各方主要关切，明确对话谈判要达到的目标，尽快找到复谈的突破口。这一思路是合情合理的，这有利于从根本上解决半岛核问题，显示了中方的诚意和智慧。

六方会谈方为正

梳理朝鲜的四次核试验可以发现，朝鲜每 4 年就要进行一次核试验，进而带来半岛危机。而朝鲜的核武器技术也在不断提高，向着小型化、轻量化迈进。

纵观朝鲜半岛核问题的几十年风雨，冷战结束后的朝鲜半岛反而比冷战时期更不稳定。现实问题是，朝鲜半岛至今依然处在战争状态，尽管《朝鲜停战协定》已经签署了 60 多年，但是从法律和技术上讲，依然处在战争状态。二是朝鲜半岛依然处在冷战状态之下。这两个不正常状态是造成朝鲜半岛危机不断、南北关系起起伏伏的根本原因。如果不解决这两个不正常状态，要想实现朝鲜半岛的和平稳定是做不到的。发展核武器是朝鲜政治上的需要，也是他们自认为安家立身的法宝，是不会轻言放弃的。

金正恩在政权稳定之后，开始关注民生，发展经济，取得了一些成果。然而停战协定向和平协定转换不能得以实现，在家门口的韩美军演咄咄逼人，其势必要铤而走险。安理会制裁新决议是对朝鲜错误行为的回应，而不是要形成对朝鲜的新一轮围堵与封杀。中、美、韩、日、俄五国应当共同努力，以朝鲜半岛无核化为最终目的。尤其是美国，应清楚认清朝核问题的症结所在，而不是借机损害他国利益以达到自己的战略目的。

纵观朝鲜半岛核问题的起起落落，主动权始终掌握在美国手里，六方会谈也都是以美国降门槛，松了口，才得以实行。五方联通，与朝鲜沟通，朝鲜半岛核问题解决之路才会畅通。

中国反复强调，各方不能放弃复谈的努力，不能放弃对半岛和平稳定承担的责任。中方希望各方能重新回到谈判桌前，因为只有谈判，才是解决问题的唯一正确途径。正如王毅部长所讲，朝鲜半岛核问题，最终还是需要通过谈判来解决。就和伊朗核问题的解决一样。历史证明，解决半岛核问题所取得的成果都来自于六方会谈，而不是制裁。六方会谈中断了 8 年，才出现了朝鲜一次又一次的核试验。只有六方重回谈判桌,朝鲜半岛核问题才有解决的可能。否则，同一情景反复在朝鲜半岛上演，谁能保证局势不会失控。若半岛生战生乱，后果不堪设想。

朝鲜半岛局势如何打破历史循环的怪圈，取得新的突破，有赖于各方的沟通与共同努力，更要有大智慧、大谋略，我们拭目以待。

8

中东双雄龙虎斗

——怎么看沙特阿拉伯与伊朗的关系

中东地区从来不缺“戏”。2016年新年伊始，沙特和伊朗上演“断交记”，拉开了中东地区竞合舞台的大幕。对以敌视为关系底色的两国而言，断交并未越出多数观察家的推理范围。但对2016年初，两国关系出现断崖式直跌，还是有些许意料之外。

教士被杀引危机

此次沙伊断交的导火索是沙特当局处决了什叶派教士谢赫·尼米尔，此人是沙特国内什叶派领袖。为什么沙特当局如此痛恨此人以至要取其性命？为什么一个教士之死会导致两国斩断外交关系？

在沙特现执政者眼中，尼米尔是新一代激进主义什叶派领袖。但在以什叶派为正宗的伊朗人眼中，尼米尔则是伊斯兰教的宗教学家。也正是因为尼米尔在沙特和伊朗眼中截然不同的形象，他的死引发沙伊外交斗恶。

尼米尔出生于沙特什叶派村庄，早年曾经留学叙利亚和伊朗，这两个国家都是什叶派执政的国家。尼米尔学成归国后，不满沙特当局对什叶派采取的边缘化政策，致力于争取沙特什叶派穆斯林的平等权利。他主张引入外部力量，以争取权利。

❖ 2016 年 1 月 3 日，伊朗德黑兰，示威者聚集在沙特驻伊朗使馆前，抗议沙特处决什叶派教士尼米尔。

他曾多次被沙特情报部门约去“喝茶”、谈心。既然是约谈，可见尼米尔在沙特当局眼中还是“有药可救”，通过做思想层面的工作，希望尼米尔走“正道”，不再与沙特王室为敌。

但后来发生在尼米尔身上的事情表明，沙特当局的“攻心”工作并未奏效。尼米尔不但并未“迷途知返”，反而越走越远。尼米尔主导参与的两件事情，彻底激怒了沙特当局。一件事情是尼米尔曾有分裂沙特的举动。尼米尔生活的地区位于沙特东部，是主要产油区。2009 年，尼米尔鼓动东部什叶派省份盖提夫市等脱离沙特，此举引起沙特当局的恐慌和愤恨。

另一件事情是发生在 2011 年，当时“阿拉伯之春”开始在中东地区蔓延。尼米尔公开呛声，支持沙特民众举行反政府游行示威，终结沙特王室的统治。以上举动让沙特当局彻底失去了对尼米尔的信心，尼米尔成为沙特当局眼中冥顽不化的刺头，有“反骨”之人，必要除之而后快。沙特杀心已起。

尽管尼米尔强烈反对沙特当局，但崇和而不尚暴。他笃信语言的力量大于子弹的力量，属于尚文不尚武型的政府异见分子。尼米尔一心希望在沙特国内建立什叶反对派，挑战逊尼派力量，以政治路径走出一条草根逆袭的光明大道。

在尼米尔事业未竟之时，2014 年 10 月，沙特当局以寻求“外国干预”等罪名，判处尼米尔死刑。但一直未实施，直到 2016 年 1 月 2 日，沙特政府下了诛杀令，不过罪名变为恐怖分子。

尽管尼米尔是沙特当局的异见分子，但在伊斯兰世界具有相当高的知名度。他被执行死刑，引起全球很多什叶派人士的不满，谴责沙特当局的暴行。黎巴嫩真主党领袖纳斯鲁拉认为，处决尼米尔是一个“血的信息”。甚至连美国也为尼米尔打抱不平，认为不应对尼米尔处以极刑。

实际上，对尼米尔之死反弹最大的莫过于伊朗。尼米尔死后，作为中东地区什叶派的老大,伊朗上至最高精神领袖、下至平头百姓，都难以忍受沙特的挑衅行为。伊朗最高精神领袖哈梅内伊号召对沙特进行“神圣报复”，以牙还牙。伊朗民众更是群情激奋，组织围攻并打砸烧沙特驻伊朗使馆。

面对伊朗的强烈反应，沙特并未过多纠缠，而是直接将事态拉升至断交的高位度对抗层面，单方面宣布与伊朗断交。2016 年中东“大戏”第一幕就这样开始了。

沙伊之间恩怨仇

将历史的镜头稍微拉长一些，时光倒退到 30 多年前。1979 年爆发伊斯兰革命前，伊朗与沙特共同依偎在美国羽翼之下，保持了良好的外交关系。到 1979 年，当时作为巴列维王朝的异见分子霍梅尼，通过在国外远程遥控，成功发动了伊斯兰革命，将巴列维王朝拉下马，从此伊朗改朝换代。有别于封建社会的王朝更替，革命后的伊朗建立了政教合一的共和国政权。

随着伊朗的“变天”，沙特和伊朗关系遭到严重冲击，急转直下，陷入低谷。其中的缘由有很多，有两个较为重要。一是革命后的伊朗走向了输出革命的道路，令沙特大为光火。伊朗所谓的输出革命，说白了就是复制伊朗革命的版本，在中东地区实现政权的群体性颠覆，按照什叶派意识形态改造国家。这对实行君主制的沙特而言，如鲠在喉，威胁感和紧迫感陡升。

还有一个不容忽视的原因是美国和伊朗关系走向破裂。伊斯兰革命不仅直接推翻了巴列维王朝，伊朗的外交政策也发生 180 度的大转弯。20 世纪 70 年代震惊世界的伊朗人质事件，直接将美伊两国推向反面，伊朗也由革命前的亲美转向革命后的反美。面对美国和伊朗由友转敌，沙特必须选边站队，在美国和伊朗之间作出选择。沙特很识时务地选择与美国一伙，唯美国马首是瞻，延续亲美路线，同时站在了伊朗的对立面。

因此，沙特与伊朗关系跌入低谷，转眼两国敌对关系长达 30 余年。期间，两国在对立敌视的主基调下，起起伏伏、磕磕绊绊，保持了对立态势下的冷和平。随着中东地区形势的变化，沙伊关系的矛盾点不断增多，逐渐演化到现在教派矛盾、地区博弈等方面，这些成为沙特和伊朗走向关系正常化的障碍。

安全困境扰沙伊

历史是现实的镜子，但还不是现实。观察此次断交危机发现，沙特和伊朗的亢奋点不在一个层次上。沙特始终处于亢奋状态，显示出咄咄逼人的态势。而伊朗除在危机之初与沙特呛声外，之后选择了低调处理。实际上，从中东地区态势看，沙特抡起膀子与伊朗叫板，决定与伊朗关系迅速“熔断”，主要在于近年来中东地区出现有利于伊朗但不利于沙特的局面，显示出沙特内心的焦躁和恐惧。

近年来，沙特在与伊朗的博弈中略占下风。目前，国际社会努力将中东冲突如叙利亚和也门等危机拉入政治框架范围内解决，淡化教派冲突。特别是俄罗斯介入叙利亚危机，进一步削弱了沙特对地区形势的把控力度。而伊朗在与大国关系中出现了少有的良好局面，与美国关系逐渐转圜，同时延续了与俄罗斯的传统关系。

在叙利亚问题逐渐走上政治解决轨道之时，伊朗不再是幕后者，或者是被边缘者，而是作为公开的攸关方加入到叙利亚的政治和谈中。鉴于中东地区逊尼派绝对力量占优，什叶派力量式微的现实，通过国际政治谈判淡化教派冲突，更有利于摆脱伊朗意识形态的战略孤立。

伊核全面协议的达成深深刺痛了沙特脆弱的神经。2014 年 7 月，伊核问题出现曙光，伊朗和世界大国达成初步协议，外交渠道解决伊核问题发挥了实效。之后经过数轮你来我往的沟通磋商，2015 年 7 月，伊朗和世界大国签署了历史性的全面核协议。至此，伊核问题实现软着陆，外交手段再次在解决国际“疑难杂症”上体现出了价值。

但所谓有人欢乐就有人愁。面对地区死敌在外交和经济上的双重解套，沙特表面上体现出欢迎的高姿态，但实际内心深处隐藏着极大的焦虑感甚至是恐惧。

❖ 2016 年 1 月 17 日，伊朗总统鲁哈尼发表讲话，就国际社会解除对伊制裁表示欢迎，认为这是伊朗与国际社会关系发展的新篇章。

从沙特角度看，全面核协议将给其带来两个不利后果：一是作为主要竞争对手，核协议为伊朗经济“松绑”，势必将释放其经济潜力，推动伊朗经济发展。从两国零和博弈思维看，伊朗实力的上升，意味着沙特实力的下降。二是沙特产生被抛弃的恐慌感，全面核协议的达成意味着美国和伊朗已走出融冰的第一步，沙特担心被伊朗代替成为美国在中东地区的新伙伴。尤其是美国和伊朗在短时间内解决美国海军扣押事件，更显示出美国和伊朗高层有能力通过外交手段解决彼此间的冲突。

全面核协议的达成确实让伊朗松口气，外交施展空间更大了，压抑多年的经济逐渐释放。因此，伊朗无论在外交上还是在经济上都将迎来新的春天。而这些显然有悖于沙特对伊朗边缘化的政策。有美国学者认为，沙特出现“战略绝望”。在这种情况下，沙特或者被动妥协，接受目前的局面；或者主动应变，扭转不利局面。很明显，沙特手中有足够的牌可以与伊朗抗衡，甚至可以扩大博弈范畴。改变目前战略博弈环境成为沙特的优先考虑，所谓的“战略突袭”成为沙特改善战略博弈环境的“撒手锏”之一。

除与伊朗博弈的因素外，沙特升级与伊朗的外交危机，有转移国内矛盾之嫌。目前看，沙特国内存在两大隐患：一是石油价格下跌导致收入骤减，出现财政赤字。根据沙特政府公布的 2015 年财政报告，政府支出为 9750 亿里亚尔，而年收入则为 6080 亿里亚尔，年度赤字达到 3670 亿里亚尔（约合 978.7 亿美元），创历史最高纪录。沙特政府不得不动用 800 多亿美元外汇储备，并发行 200 亿美元债券以应对财政困难。财政收入的锐减势必会减少政府对民生福利方面的支出，为社会动荡埋下隐患。并且，石油价格下跌带来的收入减少，也将使沙特的叙利亚和也门冒险政策更加困难。二是沙特政府需要安抚国内蠢蠢欲动的逊尼派力量。众所周知，沙特是逊尼派力量掌权的国家，但国内逊尼派内部并不是和风劲吹。实际上，在沙特王室对伊朗核问题和“伊斯兰国”问题上，一些逊尼派力量是有保留意见的。他们认为沙特对伊朗过于软弱，在伊核问题上并未施展应有的影响力，采取了听之任之的政策。另一方面，在处理“伊斯兰国”问题上，沙特国内有不同声音。沙特答应美国加入打击“伊斯兰国”的联盟，但“伊斯兰国”在教派上属于逊尼派。在这种情况下，沙特王室感受到国内政治压力，可能有意将沙伊危机扩大化，以分散国内压力，伊朗无疑成为缓解压力的最佳工具和“出气筒”。

伊朗当局忍为上

面对沙特的步步紧逼，伊朗起初是针锋相对。伊朗最高精神领袖哈梅内伊面对沙特的挑衅，提出“神圣复仇”，此举更多是维护伊朗形象的口号，未有较大的实质意义。他也表示，伊朗民众攻击沙特驻伊朗使馆是“非常不好的、错误的”。总的来看，伊朗并未与沙特随风起舞，而是采取了较为低调的处理方式，保持克制。袭击使馆后，伊朗总统鲁哈尼表示，这是耻辱的行为，极大地伤害了伊朗的国际形象，不利于伊朗融入国际社会的进程。在 2016 年 1 月瑞士达沃斯经济论坛上，伊朗外长扎里夫指出，“伊朗并未将沙特视为敌人，希望沙特能捕捉到伊朗善意的信息，作出理智、有利于地区和平稳定的举措”。伊朗面对宿敌的挑衅，为何“忍了”？

这是鲁哈尼政府务实外交使然。2013 年，鲁哈尼上台执政后，调整内贾德时期的对外强硬政策，主张适度的外交政策。所谓适度的外交政策既不是对外屈服，也不是与外界强硬对抗，而是知进退，在现实和理想之间寻求最佳平衡。强调与国际社会形成建设性互动，在相互平等、相互尊重基础上进行对话。鲁哈尼的外交顾问团队成员马哈茂德·法齐曾表示，“当前伊朗应保证在国际体系中应有的权力，而不是以强硬的辞令在国际上四处树敌，这不符合伊朗国家利益。以极端方式在国际上大放厥词，伊朗将会在其他国家眼中形成与塔利班无异的恐怖形象。”

在胜选后召开的第一次新闻发布会上，鲁哈尼称伊朗在处理与世界主要国家关系上将更加积极，要改变极端冒险主义的强硬政策，寻求与外部世界特别是美西方国家的良性互动，尽力弭除美西方国家由于核问题施加的经济制裁。这实际上成为鲁哈尼外交政策的主基调，无论是在处理对美关系上，还是在处理周边事务上，在未碰触核心利益的前提下，伊朗保持稳健的外交风格。

鲁哈尼曾向国内承诺，将发展伊朗经济置于最优先位置，甚至置于革命理念之上。几十年来，伊朗的财富一直是用于服务外交，现在反过来，伊朗利用外交服务国内经济。“在下一个十年，伊朗可以换种治国策略，看看这将为伊朗人民的生活水平、收入、就业带来什么变化。”

随着全面核协议的达成并实施，伊朗也意识到本国将迎来新的发展机遇期，全面核协议的达成无疑也使鲁哈尼的愿景迈了一大步。随着制裁的解除，国际社会会加强与伊朗的往来。伊朗并将获得 1000 亿美元的“签字红利”，经济压力骤减，与国际社会利益融合愈发密切。世界很多国家对伊朗市场跃跃欲试，准备向伊朗投资，将有大量资金涌入伊朗。

从地区层面而言，伊朗被认为是与以色列、沙特、土耳其并列的四大主要地区力量。在这场美国和伊朗的博弈中，伊朗无疑是赢家，极大冲击中东地区的力量格局，地区力量将向伊朗一方倾斜。

在这种情况下，伊朗要延续有利于己的现状，而不是打破现有局面。求稳成为伊朗的外交政策目标。沙特企图将伊朗拉入冲突的漩涡中,希望国际社会站在沙特一边。伊朗外长扎里夫在《纽约时报》撰文指出，“今天，沙特国内有一部分人要阻碍沙伊关系正常化，并将伊朗拉入地区冲突中来。”

伊朗务实外交注定了不愿与沙特硬碰硬。如果与沙特硬来，可能会使伊朗陷入沙特中意的节奏，使鲁哈尼政府之前的一切努力化为泡影。以全面核协议为突破口，美国对伊朗的外交孤立政策不攻自破，国际社会和美国对伊朗的制裁逐步取消。对于常年遭受经济制裁的伊朗而言，与地区大国沙特大打出手显然不是明智之举。伊朗可能在言行上与沙特对峙，反唇相讥，但不会在军事上有实质动作。

但是，伊朗融入国际社会面临国内的掣肘，其政治结构被嵌在忠于伊斯兰革命和融入国际社会之间。前者信奉伊斯兰革命的理念，将自己视为霍梅尼主义的传承者；注重维护伊朗的意识形态，支持与域内敌对国家对抗，加强与沙特的对抗；兑现对什叶派力量的安全承诺，维持和扩大伊朗在黎巴嫩、叙利亚、也门的军事存在和影响力；攻击美国和以色列，增强伊朗的军事力量和地区影响力。后者是主张伊朗融入国际社会，希望伊朗作为民族国家回归国际社会。总统鲁哈尼和外长扎里夫则主张伊朗应主动融入国际社会，将精力集中在恢复经济和国内稳定，推动伊朗重返全球经济，将之置于核武器和军事冲突之前。伊朗国内两种政治力量的博弈，成为影响伊朗外交的不确定因素。

沙伊交恶影响多

“阿拉伯之春”后，中东地区失序，旧格局已被打破，新格局尚未成型。沙特和伊朗作为中东地区两支重要力量，还分别是中东地区逊尼派和什叶派的“领头羊”。双边无论是良性或恶性互动所造成的影响，必定会超越双边关系，具有地区性，将为塑造中东地区秩序平添复杂性。

在本已碎片化的中东地区撕裂“伤口”。中东地区存在严重的教派冲突，之间的矛盾溢出宗教范畴，教派分歧政治化成为常态。而沙特和伊朗是中东地区逊尼派和什叶派的“老大”，以教派划分为特征的对抗将更加凸显。两国幕后因为支持不同教派的武装力量，而进行所谓的代理人战争，烈度将增强，地区政治极化现象更为突出，这种政治极化现象不一定导致直接军事冲突，但可能会削弱各方解决问题的意愿和能力，造成地区失序。

在这种背景下，两国公开对抗也可能会影响国际社会的反恐效果，从而使“伊斯兰国”渔翁得利。但沙伊两国之间不会走向战争，两国关系继续后退的可能性不大，较大的可能是处于公开的非战争对立状态，即介于冷战和热战之间。

2016 年 1 月 8 日，也门萨那，伊朗驻也门使馆外加筑高高的围墙。伊朗外交部发言人说，沙特 6 日晚空袭了伊朗大使馆。

如何处理危机将成为伊朗国内民众对鲁哈尼总统执政态度的检验石。自鲁哈尼上台以来，其外交一直备受国内强硬派诟病，认为伊朗外交过于软弱，无法维护国家的根本利益。沙伊断交危机正值伊朗国内政治处于十字路口。2016 年 2 月，伊朗将进行议会选举和专家委员会大选。专家委员会共有 88 个席位，由权威的神学家组成，主要职能是监督、罢黜、选举最高精神领袖。有专家认为该选举将搅乱伊朗现在的政治权力平衡。

对伊朗而言，断交很可能为伊朗强硬派得势增加砝码，为伊朗强硬派指责鲁哈尼政府提供口实，从而助推强硬派在伊朗国内上位，增强内政外交的话语权。鲁哈尼决策团队认为，伊朗重回全球市场的前提条件是重新提振伊朗经济，提振经济反过来也将影响鲁哈尼的执政前途。伊核全面协议实施后，鲁哈尼的强硬政敌就会将攻击的矛头转向经济。在已经进行的伊朗议会选举和专家委员会选举上，以鲁哈尼为代表的改革派在选举中占据了上风，表明伊朗民众对鲁哈尼执政的认可。

对美国在中东地区的政策产生消极影响。沙伊外交危机将使美国的中东政策面临新的考验。美国国务卿克里 2016 年 1 月 15 日在美国国防大学演讲，阐述 2016 年美国外交政策。他指出，2016 年美国外交政策优先解决的是叙利亚冲突问题，解决难民危机，而打击“伊斯兰国”是解决叙利亚问题重要的环节。俄罗斯军事介入叙利亚，迫使美国考虑政治解决叙利亚问题。叙利亚政治进程中沙特和伊朗是主要的参与者，如果双方提出对立的方案，或者利用平台关闭外交窗口，美俄两国则将背黑锅。外交进程失败，意味着美俄间的合作就此终止。

美国的第二个优先选项是伊朗核问题。克里也指出，伊核全面协议实施的外在挑战仍旧存在，但美国将保证防止伊朗成为中东安全和全球和平的威胁。奥巴马政府希望伊朗遵守核协议，顺利实施协议，以丰富奥巴马总统的外交遗产。沙伊矛盾升级，不排除伊朗以维护安全为由，升级武器装备，在这种情况下可能会不利于协议的实施。并且，美国在打击“伊斯兰国”恐怖武装上，希望得到伊朗合作，推动巴沙尔拿出政权过渡的时间表。因此，沙伊关系无法融冰，任何恢复地区稳定、击败“伊斯兰国”、结束叙利亚和也门内战都变得愈发困难。

不利于中东地区冲突的解决。沙伊是中东地区的主要“玩家”，很多域内事务难以绕开两国的积极参与。目前，叙利亚危机成为中东地区的漩涡，随着俄罗斯军事介入，美国对巴沙尔政权的态度趋缓，希望通过政治途径解决危机。但政治进程需要伊朗和沙特的参与，断交危机必然会对政治谈判造成消极影响，甚至可能使外交解决叙利亚问题的努力化为泡影，恶化已经很严重的人道主义危机。也门危机同样如此，沙特和伊朗是也门国内各自军事力量背后的支持者，两国间的对抗会加剧在也门的博弈。沙伊在中东事务中扮演中枢作用，两国关系越好，越利于美俄等大国在叙利亚和其他中东热点问题上发挥更具建设性的作用。

中国与沙伊共舞

正当沙伊外交战正酣之时，中国国家主席习近平把2016年第一次出访安排在沙特、埃及和伊朗，这在当今世界大国之中可以说是绝无仅有的。很难有世界大国的一号人物可以在外交危机之时，游刃有余地同时访问沙伊两国，彰显出中国外交在中东地区的成功。

尽管习近平主席此次访问中东是在沙伊危机爆发前已经确定的，但是沙伊关系骤然紧张，还是为出访中东出了一道难题，毕竟在沙伊外交断交的当口同时访问两国，面临极大不确定性。但实际上，习近平主席无论访问沙特，还是伊朗，都受到了高规格接待，并取得了很好的外交效果。

中国之所以在沙伊外交断交危机的背景下，仍旧可以在两国间长袖善舞，是长期以来外交努力的结果。面对中东地区的乱态，中国始终保持不干涉别国内政的原则，在中东事务中不站队、不拉偏架。一贯主张各国事情由各国人民决定，按照各自国家的实际情况选择适合自己的发展道路。而不是如同西方一些国家那样肆意干涉别国内政，武装干涉中东事务。

还有就是中国以一种非西方的方式推动中东地区的和平发展。与美西方国家动辄飞机大炮不同，中国以一种和平发展的方式处理中东地区事务。中国自古以来就是爱好和平的国家，在处理中东事务上，一贯主张以政治外交手段解决问题，以期达到标本兼治的效果。中国也希望以自身的发展推动中东地区的共同发展。凭借高超的外交技艺，中国并未受到沙伊断交危机的影响，成功实现了同时与两国交好，在中东地区展现出负责任大国的外交形象。

9

大国博弈变筹码

——怎么看没完没了的乌克兰危机

联合国近期公布了一组乌克兰国内冲突人员伤亡数字：截至2016年3月1日，乌克兰在两年冲突期间总计伤亡30272人，其中9187人遇难。这一冰冷数字的背后，是乌克兰危机引发的深度地缘政治震荡，它对欧亚大陆战略格局重塑造成了重大影响。

协议难止乌危机　加盟入约遥无期

2015年2月12日，乌、俄、德、法四国领导人在白俄罗斯首都明斯克经过近17个小时的艰难谈判，就解决乌克兰国内冲突达成新明斯克协议。新协议达成后，乌克兰政府军同反政府民间武装间的军事对抗一度缓和，大规模战斗也未再发生。但对照协议规定，停火执行得很不严格，协议签署后的小规模冲突依然造成200多人死亡。

2015年8月17日，乌克兰政府军与民间武装在东部地区马里乌波尔港及戈尔洛夫卡附近发生交战，造成多名乌军士兵和平民死亡。乌克兰政府军发言人安德烈·雷先科称，敌军使用了射程15—16公里的榴弹炮攻击马里乌波尔北部平民所在的城镇。而俄罗斯外长拉夫罗夫则将此次暴力冲突归咎于乌克兰当局，称怀疑乌军正准备发起新一轮攻势。

进入 2016 年，情况并未好转，据在乌克兰东部顿巴斯地区（泛指乌克兰东部顿涅茨克州和卢甘斯克州）执行第三方监督任务的欧安组织观察，2016 年以来乌克兰东部地区安全形势又有进一步紧张的趋势。据乌克兰国防部长斯捷潘 · 波尔托拉克透露，仅 2016 年 2 月，顿巴斯地区的非法武装破坏停火协议的行动就达 1400 次之多。3 月 6 日，乌克兰政府军与民间武装在距顿涅茨克市 22 公里的阿夫迪夫卡市附近一昼夜内交火 52 次，双方均有人员伤亡。欧安组织派驻乌克兰的停火观察团副团长胡格说，观察团因反政府武装经常设置障碍而不能很好履行监督任务。欧安组织的无人机画面显示，反政府武装在树林中部署了自行多管火箭炮。而根据新明斯克停火协议，这类重型武器应该已撤出战区。种种迹象表明，乌克兰东部顿巴斯地区总体安全形势正在变坏。

按照协议规定，冲突各方应在 2015 年底落实协议内所有措施。但至今为止，协议包含的 13 项措施中，只有加强乌克兰问题三方联络小组在明斯克的会谈一项真正得到了落实，交换俘虏、后撤重武器等措施得到部分落实，其他措施毫无进展，造成当前一边小规模交火不断、一边又继续进行和谈的拉锯状态。究其原因，主要是现阶段乌克兰危机冲突双方和参与博弈的各方力量都力图使自己在冲突中的利益最大化，相互妥协的意愿不强，相互信任度也很低。

一方面，乌克兰东部民间武装认为，乌克兰政府军自身的重武器并未后撤，并且随时寻求一举歼灭其武装力量的机会，新明斯克协议不过是缓兵之计。民间武装必须采取一切必要手段保护自己在东部地区的实际存在和控制地位，同时也为未来可能进行的乌克兰宪法改革和确立自身在乌克兰框架下的法律地位做好准备。而与其联系密切，并为其提供实际支持的俄罗斯则需要通过乌克兰东部“割据”的两州来平衡和拉住越来越倒向西方的乌克兰执政当局。俄罗斯总统普京通过高调访问克里米亚、对乌克兰东部地区的人道主义援助，一是表达对克里米亚作为俄罗斯联邦的一个联邦主体的坚定支持，进一步给乌克兰和美国、欧洲以政治压力，迫使后者承认既定事实；二是明确向西方展示俄罗斯不会在乌克兰危机问题上向西方妥协的坚定态度。

另一方面，北约将继续向乌克兰提供援助以加强乌克兰军队作战能力，乌克兰也将根据北约标准进行军事改革，这无疑是担忧北约抵近自身边界线的俄罗斯所不愿看到的。2016 年 3 月，北约秘书长斯托尔滕贝格在布鲁塞尔会见出席北约—乌克兰委员会特别会议的乌克兰国防部长斯捷潘时表示，北约将继续为乌克兰的国防改革提供全方位援助，增强乌克兰军队的作战能力。而乌克兰防长波尔托拉克称，2018 年前乌克兰国防部将完成改革，2020 年前乌克兰军队将完成改革，乌克兰还计划于 2016 年建成特种作战部队。北约与会代表则进一步表示，继续制裁俄罗斯将有助于局势的稳定。

但颇值得玩味的是，西方在鼓动支持乌克兰对俄罗斯示强用强的同时，却并不急于接纳乌克兰成为其阵营的正式一员。欧盟委员会主席容克 2016 年 3 月表示，“毫无疑问，乌克兰在最近的 20 到 25 年内不能加入欧盟，对于北约也是如此。”语气之坚决，令乌克兰瞬间跌到冰点，这意味着乌克兰在最近的 20 到 25 年内不能成为欧盟和北约成员国，其迅速加入西方发达经济和军事集团的梦想破灭。其实，早在 2015 年 5 月德国总理默克尔已就此表明态度。在欧盟东部伙伴关系峰会即将在拉脱维亚首都里加举行前夕，乌克兰外长克里姆金提出加入欧盟的意愿：“我们希望在里加的峰会上得到具体的承诺，并在将来有机会成为欧盟候选国。”而后不久，据德国《明镜》周刊 2015 年 5 月 21 日报道，德国政府却发布公告，明确反对乌克兰加入欧盟。总理默克尔表示：“首先，乌克兰还需满足一些前提条件，并且更加向欧盟的价值观靠拢。欧盟东部伙伴关系峰会并不是欧盟扩展的工具，我们不能给予他人错误的希望。”

断电停气报复频　乌俄民意渐行远

无论怎样努力也达不到欧盟和北约价值观和入门标准，这恐怕是乌克兰执政当局在持续两年多的危机中最大的失望和挫败之一。为了加盟入约，不仅乌俄官方已经撕破了脸，同属斯拉夫民族的两国民众也因危机不断发酵而渐行渐远。

2015 年 11 月 22 日，乌克兰内务部称，由于乌克兰南部向克里米亚供电的四条主要输电线路被炸毁坏，供电线路被切断，因此全面停止了对克里米亚的供电。整个克里米亚半岛处于停电状态，当天克里米亚有约四分之三的居民近 200 万人在无电中生活，克里米亚全境宣布进入紧急状态，全面启用备用电源。据英国《金融时报》随后报道，乌克兰拒绝提供具体的修复时间，同时也拒绝了俄罗斯能源部提出的帮助其修复输电线路的建议，并宣布暂停同克里米亚的货物运输。乌克兰这一反常的大胆之举令两国关系的紧张局面再次升级。乌方称有能力独自完成这项工作。美国《华尔街日报》称，克里米亚多达 85% 的用水和 80% 的用电仍来自乌克兰本土。一名俄罗斯议员则暗指这起事件为乌克兰民族主义者所为。

发生停电事件仅仅一天后，11 月 23 日，俄罗斯能源部长亚历山大・诺瓦克日前表示，由于乌克兰没有支付预付款，俄方可能在两天内停止对乌克兰供应天然气。俄罗斯国营天然气公司总裁亚历山大・米勒也站出来证明，至今仍然没有收到购买俄罗斯天然气的预付款。他表示，来自乌克兰的最后一笔天然气款是在 11 月 5 号收到的，只够使用几天。因未支付天然气款项，乌克兰又要被停气了。对于为什么对乌克兰停气，外媒有分析称是因为乌克兰对克里米亚停电，俄方采取的报复措施。

如果说断电停气事件还有些突发性质，那么乌俄两国的贸易制裁战则早就开打，并已常态化，这给参与两国贸易的公司和民众造成了极大伤害和敌意。

这边欧盟和美国启动对俄制裁，那边俄罗斯也没闲着，展开了对乌克兰的贸易制裁，以报复乌克兰同欧盟签署自由贸易协议。俄罗斯认为，将于 2016 年初生效的欧盟—乌克兰协议将导致欧洲产品大量进口到俄罗斯，并使其自身出口到乌克兰的产品竞争力减弱。俄罗斯总统普京签署相关总统令，暂停执行与乌克兰之间的自贸区协议，将自 2016 年 1 月起对乌克兰货物征收关税，并对其实施食品禁运。俄联邦委员会 12 月 25 日批准该法案，并就此引燃了两国间的贸易争端。随后，乌克兰总理亚采纽克 12 月 30 日表示，乌克兰将禁止进口部分俄罗斯商品，还将调整俄罗斯进口商品的关税。他在内阁会议发表电视讲话时撂下狠话："对俄罗斯的每项行动，乌克兰都将采取反制行动和措施。"乌克兰经济部宣布，从 2016 年 1 月 10 日起将对小到狗粮、大到火车机车等数十种俄罗斯产品实施进口禁令。然而，与俄罗斯开打贸易战，乌克兰将在 2016 年损失 6 亿美元，相当于贸易额的 0.6%。乌克兰总统波罗申科表示，他对俄罗斯结束与乌克兰特惠贸易的决定感到遗憾，但称乌克兰已做好准备，为欧盟贸易协议付出代价。事实上，最终为双方的相互制裁付出代价的是两国民众。

双方"伤敌一千、自损八百"的贸易战刚刚开打，两国民众间的对抗情绪便急剧升温。先是今年 2 月初反对俄罗斯货物从乌克兰境内过境的乌克兰抗议者封锁了俄罗斯货车从乌克兰西部和北部各州的去路。作为回应，俄方停止了在乌克兰注册的大载货车在俄罗斯的运输。俄罗斯总统新闻发言人佩斯科夫说："我们不得不采取交通部公布的那些对策。毫无疑问，这完全让人难以理喻，在乌克兰当局的纵容下，我们的运输者受到这种违法乱纪行为的影响，这自然是不可接受的。"乌克兰政府随即于 15 日决定，在得到俄方解释和就乌克兰货车过境运输问题的解决方案前，停止俄罗斯货车在乌克兰境内的运输。而此时，总计上千名乌俄大货车司机连同车辆滞留在对方国家。

此后，双方相关部门达成妥协，让因中转禁令而滞留在俄罗斯及与俄罗斯接壤亚洲国家的乌克兰货车无阻碍返回乌克兰。作为交换，乌方也允许俄货车通过乌克兰领土从欧盟国家返回俄罗斯。尽管断电停气和货车滞留事件都得到了解决，但毫无疑问，乌俄两国相互之间的民意基础已经深受破坏，而且在危机未解决之前基本没有恢复的可能。

执政集团斗不休　经济形势雪加霜

在与俄罗斯关系持续恶化的背景下，乌克兰执政当局内部也不断出现不和谐声音。乌克兰各政治派别对于权力、利益的无节制的争夺自始至终伴随着乌克兰独立以后的发展进程。2015 年 7 月 11 日，积极参与了两年前独立广场流血事件的乌克兰“右区”组织成员，在乌克兰西部外喀尔巴阡州穆卡切沃市与警方及当地商业机构发生冲突，交火中使用了火箭筒和冲锋枪，冲突造成 3 人死亡、11 人受伤。14 日，乌克兰议会就对极右翼组织“右区”定性的问题展开讨论，但讨论瞬间就变成了各党团之间的争议乃至互殴，激进党议员莫西伊丘克与“季莫申科集团”领导人卢岑科大打出手。8 月 31 日，乌克兰议会对执政联盟内部分歧很大的宪法修正案进行预表决，其主要内容是中央放权和扩大地方当局自主权。反对该修正案的“激进党”代表占据了议会主席台，致使会议推迟至一小时后才开始。

乌克兰网友以冷幽默的方式调侃议会上演“全武行”，发明了一个“意外的文艺复兴”短语，调侃议员们斗殴时的姿态非常符合文艺复兴时期意大利绘画的审美标准。12 月 11 日，“意外的文艺复兴”再次在乌克兰议会亲总统的“波罗申科联盟”与亲总理的“人民阵线”两大党团之间上演。总理亚采纽克在发表政府年度工作报告时称，“政府中那些不是由我们党派负责的部门，其行为与我无关”，这时“波罗申科联盟”的一名叫奥列克·斯捷潘诺维奇·巴尔纳的议员走上发言席，先是递给亚采纽克一束玫瑰，然后突然从身后抱住了他。

❖ 2015 年 12 月 11 日，乌克兰基辅，一名议员把乌克兰总理亚采纽克从议会讲台上抱下来。

猝不及防的亚采纽克双脚离地，尽管努力紧抓面前桌子，但还是被抱离了发言席。随后，其他议员蜂拥而上，两阵营间开始互殴，场面极为混乱。斗殴持续了数分钟，之后亚采纽克被抱起的图片被 PS 成各种场景在网络上疯传。

貌似幽默调侃的背后，折射出的是乌克兰当局总统总理执政施政理念迥异，政府议会内部闹剧纷争此起彼伏，负面情绪不断累积。2016 年 2 月中旬，亲总统与亲总理的两派力量的激烈较量终于演变为直接摊牌对决，致使乌克兰政府陷入执政困局，执政联盟失去多数议席。起因是亚采纽克政府因“蜻蜓点水”般的改革和反腐而受到民众和舆论指责，乌克兰议会为此于 2 月 16 日对总理亚采纽克进行不信任案投票表决。当天，乌克兰总统波罗申科以失去公众信任和反腐不力为由要求总理亚采纽克和总检察长绍金辞职，以结束危害国家经济、阻碍外国援助的政治危机。尽管不信任案最后未获通过，但乌克兰议会党团自助党认为，亚采纽克最终惊险“过关”是一场“寡头政变”。总统波罗申科所属党派领袖卢岑科表示，16 日的投票无论结果如何都足以说明乌克兰政府已失去了议会的支持。

亚采纽克涉险过关，但事态并未平息。18 日，为纪念 2014 年 2 月 20 日警方与示威者冲突中死亡的约 100 人，乌克兰民众再次聚集在基辅市独立广场发起抗议。20 日晚，示威者开始在广场搭帐篷，利用垃圾桶燃起篝火。21 日晚，“革命右翼力量”组织在广场举行了近千人参加的“人民集会”活动，称将掀起“第三次广场革命”，要求亚采纽克政府下台，提前举行议会和总统选举，废除明斯克协议，在顿巴斯和克里米亚地区实施战争状态。乌克兰“祖国党”领导人、前总理季莫申科和格鲁吉亚前总统、乌克兰敖德萨州州长萨卡什维利也加入乱局。21 日，当被记者问及是否会成立新政党并参加议会大选时，萨卡什维利否认成立政党，并表示自己所期望的“远超过总理一职”。这是否意味着，萨卡什维利将要竞选总统尚不得而知，但无论如何，在乌克兰他并不缺少竞争对手。5 月 27 日，被俄罗斯特赦释放刚 2 天的 34 岁乌克兰女飞行员萨夫琴科，在回国后的首次新闻发布会上就说，“让我们这么说吧，乌克兰人民，如果你们需要我当总统，ok，我会当总统的。但人民要先学会如何独立投票。”在俄服刑期间，她就作为季莫申科的“祖国党”的一员，被选为了乌克兰最高拉达议员。据媒体报道，包括“右区”在内的一些乌政治派别已表示希望与她合作。

乌克兰当前的政治僵局源自执政联盟的内斗，乌克兰执政联盟各党派间政治主张与利益诉求差别巨大，已签署的众多法律法规在议会迟迟得不到通过，致使改革进程缓慢，民众怨声载道。据乌克兰媒体报道，高达 70% 的民众希望总理亚采纽克辞职。其次，由于赋予乌克兰东部顿巴斯地区（泛指乌克兰顿涅茨克州和卢甘斯克州）更多自治权的宪法修正案一直未获通过，新明斯克协议的执行陷入僵局，西方近期对波罗申科当局颇多微词。此外，乌克兰政局的动荡还殃及本国经济。俄罗斯对乌克兰加紧贸易制裁，2015 年俄乌贸易额下降 80%。俄罗斯对乌克兰 30 亿美元的债务进行的违约起诉使其本就脆弱的经济再遭重击。乌克兰国家银行新闻办 2 月 5 日发布的报告修订了今年实际 GDP 的预测，从增长 2.4% 降至增长 1.1%。2015 年实际 GDP 为下降约 10.5%。就此，国际货币基金组织总裁拉加德发出警告，称乌克兰若不尽快结束内部政治纷争，给予该国的第三期 17 亿美元经济援助将被终止。这说明，乌克兰政治上的不稳定已经动摇了西方国家的信心。而援助一旦终止，乌克兰经济将雪上加霜，现政府的执政地位会更加岌岌可危。

多方博弈拨算盘　乌东危机料持久

有一种声音认为，乌克兰危机已到了十字路口，而事实上乌克兰危机正在向长期化、常态化演变。

从战略性质上看，乌克兰危机是美俄博弈的结果。乌克兰危机从地缘政治角度看是美俄冷战的延续，美国把乌克兰当作是进一步削弱甚至瓦解能够与之抗衡的欧亚大国俄罗斯的一个工具，在没有达成这一目标时，美国不仅不会为乌克兰问题解套，而且还会时不时地弄出声响，让其他涉足乌克兰危机的各方都绷紧神经。2015 年 10 月 2 日，俄罗斯总统普京、法国总统奥朗

❖ 2015 年 10 月 2 日，法国巴黎，法国总统奥朗德、德国总理默克尔、俄罗斯总统普京和乌克兰总统波罗申科在法国总统府爱丽舍宫举行一系列双边和多边会谈，讨论乌克兰东部局势、新明斯克协议实施情况以及叙利亚问题。

德、德国总理默克尔以及乌克兰总统波罗申科，在法国总统府爱丽舍宫就乌克兰问题举行了四国峰会，讨论乌克兰东部局势以及今年2月签署的新明斯克协议的实施情况，试图加快乌克兰危机的解决进程。但就在第二天，北约举行了自2002年以来最大规模的军事演习。这场名为“三叉戟接点”的演习以乌克兰危机为背景，来自意、西、葡、加、挪等多个国家的超过3.6万名官兵在意大利、西班牙和葡萄牙，以及大西洋和地中海展开行动。演习司令部称，“三叉戟接点”演习将展示北约在联合现代战争中更大的抱负，展现一支有能力的、前突的盟军，配备了相应的军事能力和实力，足以满足当前和未来的安全挑战。法新社称，在俄罗斯吞并克里米亚并在乌克兰东部支持亲俄反政府武装后，这个已经计划了很长时间的演习又增添了一层意义。面对一系列发展变化了的威胁，以美国为首的北约也加强了其战备水平。

从演进方式上看，乌克兰危机是美国奥巴马政府“巧实力”外交的一个典型案例。美国巧妙地利用了亚努科维奇政府退出与欧盟联系国协定引发的内外危机，力图彻底把乌克兰从俄罗斯控制中拉出来，打断俄罗斯在欧洲的一条腿，达到对俄罗斯进行苏联解体后再次肢解的目的，以消除俄罗斯重新崛起为全球大国的地缘政治基础。在“乌克兰危机脚本”实施过程中，就像在空袭利比亚中所展现的“巧实力”策略一样，美国把法国等欧洲国家推到前台实施轰炸，自己则躲在幕后，一则保存实力，二则坐山观虎斗。

从未来走向看，一是美国的态度。尽管整个乌克兰危机过程中美俄互有攻守，但总体上还是美国掌握结束危机的主动权。换句话讲，只要美国还想利用乌克兰危机这一创面，让俄罗斯失血，这场危机就还要按美国的意志持续下去。

二是俄罗斯的态度。乌克兰是俄罗斯重新崛起为世界大国的重要支撑，不到万不得已，俄罗斯不会放弃乌克兰，这从俄罗斯支持乌克兰东部民间武装、深度介入乌克兰内政可以看出；但俄罗斯也做了最坏打算，在“体力不支”时暂时战略后撤，放弃乌克兰以求自保。这就可以解释为什么俄罗斯抓住千载难逢的机会先行冒险夺取克里米亚，避免在美国攻势之下满盘皆输，什么也没拿到就白白丢了乌克兰，无法向国内民众交代。目前，对俄罗斯而言，拿回克里米亚，一脚也插进了乌克兰东部，基本守住了原来设计的战略底线，在此基础上与乌克兰言和，并无不可。

三是欧盟的态度。一方面，欧盟本质上与美国战略一致，但由于是乌克兰近邻，身处危机漩涡，搞不好会惹火上身，所以并不想逼俄太急；另一方面，欧盟在自身经济危机未有效缓解，难民危机接踵而至的情况下，并不想背上乌克兰这个包袱，早就寻求解决危机。但由于美国态度暧昧，同时顾及以波兰为代表的新加入欧盟的东欧国家援乌抗俄的立场，欧盟只好继续保持对俄压力，在乌克兰问题上且行且看。

古往今来，以小国之躯充当大国的角斗场，都会付出无法承受的代价。乌克兰试图借美欧力量彻底脱俄，但忽略了其国内东西部地区之间深刻的政治、经济、社会和民族矛盾，也未认识到“请神容易送神难”的道理——借美国之力摆脱俄罗斯，到头来可能哪个都摆脱不了。乌克兰现在面对的不仅是俄罗斯不会归还克里米亚，更麻烦的是美国可能并不真心想结束这场危机，而欧盟绑在美国战车上，无处着力。此外，乌克兰国内政治斗争加剧，因此乌克兰危机暂时看不到解决的迹象，可能进入较长的僵持阶段。

10

脓疮戳破祸全球

——怎么看“伊斯兰国”的崛起及国际反恐合作

2015年11月13日晚，法国巴黎市区发生系列恐怖袭击，132人死亡，300多人受伤。极端组织“伊斯兰国”随即宣称对此负责。这个组织从何而来？未来又会走向何方？

“基地”组织恶变种

“伊斯兰国”的起源可追溯到1999年。当时，因加入约旦“巴亚特伊玛姆”组织被判刑入狱的阿布·穆萨卜·扎卡维从约旦监狱获释后前往阿富汗。在那里，扎卡维获得本·拉登的资助，组建了独立于“基地”组织的圣战训练营“沙姆战士团”，并在不久后改名为“统一和圣战组织”，成员主要来自约旦、叙利亚、巴勒斯坦和黎巴嫩等地区。1999年12月，该组织曾策划袭击安曼丽笙酒店（Radisson Hotel）及几处旅游景点，但被约旦情报部门提前得知消息，导致行动失败。2001年“9·11”事件后，美国发动阿富汗战争，“统一和圣战组织”开始与“基地”组织和塔利班武装联手抵抗阿富汗“北方联盟”和美军的进攻。大约在2001年底2002年初，扎卡维逃往伊朗，后又转往伊拉克。

据称，在2003年3月美军发动伊拉克战争之前，扎卡维已经在伊拉克北部库尔德自治区的苏莱曼尼亚省建立了一个“统一和圣战组织”基地，主要袭击美国领导的联军部队、约旦领地以及什叶派穆斯林。2004年9月，扎卡维正式宣布效忠“基地”组织和本·拉登本人。“统一和圣战组织”更名为“美索不达米亚圣战‘基地’组织”，通常简称“基地组织伊拉克分支”。不过，扎卡维领导的“基地组织伊拉克分支”与本·拉登的“基地”组织在理念和战略上存在明显分歧。“基地”组织将攻击目标更多地集中在西方势力上，而扎卡维却把矛头对准了大量什叶派平民。在扎卡维看来，整个传统伊斯兰世界已经被破坏殆尽，什叶派“是一种与逊尼派伊斯兰毫无共同之处的宗教”，其信徒是敌人、毒蛇和间谍，必须通过暴力加以清洗。

2005年9月，扎卡维甚至宣布对什叶派全面开战。2006年1月，扎卡维宣布“基地组织伊拉克分支”与其他五个伊拉克极端组织合并，成立“圣战舒拉会议”（又称“圣战者联盟”）。半年后，扎卡维在美军袭击中被炸身亡。随即，“基地组织伊拉克分支”宣布阿布·阿尤布·马斯里为新的领导人。同年10月，“圣战舒拉会议”宣布“伊拉克伊斯兰国”（Islamic State in Iraq）成立，并推举阿布·奥马尔·巴格达迪为头目。11月10日，马斯里向巴格达迪宣誓效忠，“基地组织伊兰克分支”在名义上属于“伊拉克伊斯兰国”。马斯里向巴格达迪宣誓效忠，但巴格达迪却并未向“基地”组织宣誓效忠。因此，虽然“基地”组织还宣称“伊拉克伊斯兰国”是其下级组织，但两大组织实际愈行愈远。

历经挫折渐坐大

“伊拉克伊斯兰国”宣布成立后不久，就陷入了生存危机。由伊拉克地方逊尼派部落组成的萨赫瓦（觉醒）委员会反对“伊拉克伊斯兰国”对安巴尔省等伊拉克逊尼派地区的领土控制。“伊拉克伊斯兰国”严重高估了自己对逊尼派人士的号召力，他们暗杀了萨赫瓦（觉醒）委员会领导人，并猛烈打击敌对的逊尼派团体，导致在一段时期里影响力日下，人员流失严重，暴力袭击行动也明显减少。美国悬赏缉拿马斯里的金额也由 2007 年的 500 万美元一度降到 2008 年 5 月的 10 万美元。“伊拉克伊斯兰国”期间所受冲击可见一斑。

进入 2009 年后，美国陆续从伊拉克撤军，萨赫瓦（觉醒）委员会与什叶派马利基政府的矛盾也日益凸显，“伊拉克伊斯兰国”获得了难得的发展良机。“伊拉克伊斯兰国”趁机进行了广泛的组织结构改革，将“首都”迁至北部城市摩苏尔，以更高的薪水从前萨赫瓦（觉醒）委员会成员中招募成员，更加重视发展伊拉克本土成员，并通过精简机构等措施，将权力进一步集中到巴格达迪手中。2010 年，“基地组织伊斯兰分支”头目马斯里被伊拉克安全部队和美国军队击毙。但这并没有阻止“伊兰克伊斯兰国”的迅速坐大。阿布·贝克尔·巴格达迪就任“伊兰克伊斯兰国”领导人后，带领该组织进入一个新时期。“伊拉克伊斯兰国”逐渐恢复了在伊拉克境内的恐怖袭击活动。2012 年开始，他们发动了一系列“破墙”活动。这一年 9 月，他们袭击了伊拉克中部提克里特的塔斯费拉特监狱，释放了 47 名“伊拉克伊斯兰国”高层领导人。2013 年 7 月，他们又袭击了巴格达西郊的阿布格莱布监狱，500 多人趁机越狱。“伊拉克伊斯兰国”开始逐步利用美国撤军和萨赫瓦（觉醒）委员会式微逐步扩展势力范围。

伊叙乱局遽坐大

“阿拉伯之春”的到来尤其是叙利亚内战的爆发，为“伊拉克伊斯兰国”的进一步扩张提供了重要机遇。它们先是在国内将势力范围拓展到什叶派地区和库尔德地区，进而利用叙利亚国内动乱之机向外扩张。2011 年，巴格达迪派阿布·穆罕默德·贾拉尼到叙利亚组建“伊拉克伊斯兰国”的“支持阵线”。2012 年 1 月 23 日，“支持阵线”宣告成立。到 2012 年底，“支持阵线”已经有约 2000 名成员。2013年1月,"支持阵线"已经占领了阿勒颇的哈纳努(Hanano)兵营和伊德利卜的塔夫塔纳兹(Taftanaz)空军基地，逐渐由一个典型的恐怖组织蜕变为盘踞一方的反叛势力，并开始名声远扬。

看到"支持阵线"的迅速崛起，"伊拉克伊斯兰国"领导人巴格达迪开始着手加强统领。2013年4月9日,他在录音声明中表示,"支持阵线"是"伊拉克伊斯兰国"的分支,也将并入未来将成立的"伊拉克和沙姆伊斯兰国"("伊斯兰国")。但是，贾拉尼随即予以否认。经过几个月的口头"拉锯"，"支持阵线"依然保持独立。不过，"伊斯兰国"很快争取到"支持阵线"的一些外籍人员组建了一支新的武装,并开始向叙利亚东部和北部扩张。由于"伊斯兰国"行为极端，四面树敌，叙利亚境内多个反对派武装结成联盟，共同打击"伊斯兰国"。并且,"基地"组织头目扎瓦赫里也宣布,"'伊斯兰国'不是'基地'组织的分支，本组织跟它不再有任何关系，对它的行为概不负责。""内忧外患"让"伊斯兰国"暂时遭遇一些挫折，不过他们并没有停下扩张的脚步，而是利用在伊拉克和叙利亚两栖的优势，协调平衡"两个战场"。2014年上半年，攻占了伊拉克费卢杰和安巴尔省会拉马迪的部分地区，夺回并"定都"拉卡，进而又夺取了伊拉克北部重镇摩苏尔。6月29日，"伊斯兰国"公布了用五

❖ 2014年7月4日，伊拉克境内极端组织"伊斯兰国"头目巴格达迪首次公开现身。

种语言录制的音频，宣布建立“哈里发国”，几天后，巴格达迪就开始以“哈里发”的身份公开露面了。

“伊斯兰国”

关于“伊斯兰国”有两种不同的称谓。一种是 ISIS，翻译为中文就是“伊拉克和沙姆伊斯兰国”。“沙姆”一词在阿拉伯语中是“大叙利亚”的意思，因此也可翻译为“伊拉克和大叙利亚伊斯兰国”。不过，西方媒体和政治家经常使用“伊拉克和黎凡特伊斯兰国”（ISIL），“黎凡特”（Levant）指的是一个比伊拉克和叙利亚大得多的地区。泛指地中海东部地区的叙利亚、伊拉克、黎巴嫩、以色列、约旦、巴勒斯坦等国以及部分土耳其南部地区。西方这样称呼，意在暗示这一组织不只是对伊拉克和叙利亚的威胁，也将是对周边很大一片区域的威胁，有其政治考量在里面。当然，也有另外一个原因。ISIS 这个名字此前属于古埃及智慧女神爱西斯，而且现在有许多女孩也用这个名字，她们还曾为此专门向众媒体写公开信，请求媒体不要使用 ISIS，而用 ISIL。

“伊斯兰国”没有将活动范围局限在伊拉克和叙利亚境内，而是在巴格达迪自封为“哈里发”之后，逐步向周边的黎巴嫩、约旦、沙特、土耳其、埃及、利比亚甚至东南亚地区拓展。据称，约旦约有 1000 人加入“伊斯兰国”，沙特约有 1000 人参与到伊拉克和叙利亚内战之中，其中有不少人加入了“伊斯兰国”。另据报道，“伊斯兰国”与土耳其存在石油、走私、洗钱、成员过境等方面的合作。在非洲，活跃在西奈半岛的埃及“耶路撒冷支持者”组织于 2014 年 11 月宣布向“伊斯兰国”效忠，盘踞在利比亚德尔纳地区的“伊斯兰教法斗士”也宣布效忠“伊斯兰国”。此外，菲律宾的“摩洛伊斯兰自由战士”以及“阿布沙耶夫武装”也已经宣布效忠“伊斯兰国”。总之，在全世界的伊斯兰极端主义势力中，“伊斯兰国”的影响力都在不断上升，其残暴性更是许多组织竞相追逐的目标。

恐怖组织非国家

“伊斯兰国”在目标、战略和残忍程度上与以往恐怖主义组织存在很大不同，导致国际社会在如何界定其性质方面竟有些“面露难色”。

首先，“伊斯兰国”构建了一套相对较为完备的意识形态叙事。这一意识形态叙事的核心是要重建“哈里发”，并推动实现“哈里发国”的全球扩张。与传统恐怖组织相似之处是，它同样认为伊斯兰世界当前已经偏离了伊斯兰的精神实质，因此必须通过“圣战”和控制领土的方式重建“哈里发国”，并以帝国征战的方式实现“哈里发国”的对外扩张，最终实现一个“纯洁”的伊斯兰世界。与传统恐怖主义宣传不同的是，由于受伊斯兰复古主义、圣战派萨拉菲主义和复兴主义等思潮的影响，它认为当今世界只存在由穆斯林和“圣战”斗士组成的伊斯兰阵营和由美、俄领导并受犹太人蛊惑的卡菲儿（异己穆斯林）和伪善者阵营，不存在第三个阵营。并且，自“哈里发”崩溃后穆斯林世界一直处于被动局面，国家不复存在，他们被另一阵营侮辱、控制、掠夺、剥削，并灌输文明、和平、自由、民主、民族主义、爱国主义等让人眼花缭乱的欺骗性口号。因此，复兴“哈里发国”是穆斯林和“圣战”斗士的共同使命。由于它以净化伊斯

❖ 2016 年 3 月 26 日，叙利亚帕尔米拉，叙利亚政府军攻下早前被极端组织武装分子占领的帕尔米拉，从古城堡所在的高地上摘掉了恐怖组织“伊斯兰国”的旗帜。

兰的名义排斥数量巨大的穆斯林群体，导致在袭击目标上包含了伊斯兰世界内部的所谓“异类”。它认为，“圣战”没有仁慈可言，只有通过极端暴力的手段，才能真正震慑、消灭“异教徒”。

其次，“伊斯兰国”有一套系统的战略步骤设计。它设计了一个“三环”战略，“内层”是包括伊拉克、叙利亚、约旦、黎巴嫩、以色列、巴勒斯坦等在内的沙姆地区；“中间区域”是指整个中东北非并向东扩展到阿富汗、巴基斯坦；“外层”则指世界其他地区，尤其是亚欧大陆和美洲。“伊斯兰国”的目标是要在世界范围内建立一个纯粹的“哈里发国”。应该说，“伊斯兰国”充分利用了穆斯林社会普遍存在的不满情绪和中东地区动荡的局势，把自己塑造为伊斯兰世界拯救者的形象。虽然这套意识形态叙事和战略设计存在明显的内在矛盾和狂妄，但对一些逊尼派穆斯林却有极强的号召力。“伊斯兰国”不仅有一个总体的战略步骤设计，而且在运用新科技和新媒体方面也非常专业。他们通过不断注册新账号，发布一些重要的视频或音频内容，同时也开发一些手机 APP 软件，植入木马，通过用户账号发布内容，最大程度扩大影响。

最后，“伊斯兰国”与传统恐怖主义组织最大的一个不同是，它注重在所控制地域范围内开展有效的社会治理。它为当地民众提供治安、教育、司法、基础设施、人道主义援助等各种服务，确保电、水、气等方面的供应，控制物价及租房价格，开展宗教宣传教育，在一定程度上已经具备民族国家的功能。有“伊斯兰国”内部人士表示，“我们刚来时，人们都惧怕我们，但过了四五个月之后，大多数都宣誓向我们效忠”。在其“统治”下的民众称，当地行政机构快捷高效，各个部门协调一致、共享信息、善于合作。总体而言，“伊斯兰国”利用其可观的财政资金，能够大体上维持所控制城市的正常运转。在局势总体动荡的背景下，“伊斯兰国”能做到这一点，也就得到了当地民众或积极或无奈的默认。不承认这一点，是无法深入了解“伊斯兰国”的特点和本质的。

“伊斯兰国”崛起非偶然

“伊斯兰国”的崛起源于国际博弈、伊叙国内局势动荡等各类条件的叠加，同时也受教义解读等因素的影响。关于“伊斯兰国”迅速崛起的原因，有学者将其概括为“结构性崩溃导致结构性真空，结构性真空带来结构性回火”，仔细分析，确实非常有道理。

美国推翻萨达姆政权后开始主导伊拉克重建进程。为扶持亲美势力，美国打破了萨达姆时期“什叶派占社会多数—逊尼派主政—制衡库尔德人”的政治平衡，造成伊拉克传统政治结构的崩溃和社会局势的长期动荡，从而产生了许多权力真空地带。与伊拉克相似，叙利亚内战爆发后，巴沙尔政权面临为数众多的反对派武装的压力，而内战的长期化使得什叶派和逊尼派之间的矛盾、阿拉伯人与库尔德人之间的矛盾进一步加剧，部族、派系分立，国家整体处于瘫痪状态，也造成了许多权力真空地带。伊拉克和叙利亚境内的大片权力真空地带，为“伊斯兰国”的繁衍扩张提供了肥沃土壤，正是在这样的背景下，“伊斯兰国”具备了难得的天时地利条件。

当然，伊拉克和叙利亚局势长期动荡，与美国中东战略的调整也有很大关系。自奥巴马政府上台以来，美国页岩油气开采技术已经比较成熟，油气产量已超过俄罗斯和沙特成为世界第一，对中东能源的依赖大幅下降。加上财政实力和国内反战压力较大，美国顺势采取了从中东“收缩”的战略。美国的“撤出”战略使其无法对“伊斯兰国”的扩张采取实质性的干涉，这也是“伊斯兰国”能够迅速崛起的一个重要因素。

国际社会对“伊斯兰国”的打击从 2014 年 8 月即已开始。以美国为首的国际联盟对“伊斯兰国”目标进行了数以千计的空袭。2015 年 9 月，俄罗斯也开始对“伊斯兰国”目标发动空袭，“伊斯兰国”已经遭受重创，却难以斩草除根。从外部因素来看，围绕“伊斯兰国”问题，世界大国、地区大国以及当事国叙利亚和伊拉克都存在不同

❖ 2016年3月24日，叙利亚古城巴尔米拉附近，叙利亚政府军炮兵在进攻。

的利益考量和战略博弈，在打击这一恐怖组织问题上很难形成合力。美国想利用“伊斯兰国”来消耗巴沙尔政权，相关军事行动三心二意。欧洲国家也支持推翻巴沙尔政权，因此也未将剿灭“伊斯兰国”放到头等重要的位置。俄罗斯反对外部势力插手叙利亚事务，支持巴沙尔政权。由什叶派领导的伊朗、伊拉克坚决站在巴沙尔政权一边，强调共同打击“伊斯兰国”。由逊尼派领导的沙特阿拉伯等海湾国家则坚决支持反对派，要求巴沙尔下台。具体到叙利亚和伊拉克内部，

土耳其与“伊斯兰国”

在“伊斯兰国”问题上，土耳其的立场比较暧昧，有国际人士认为，土耳其与“伊斯兰国”存在情报上的合作。美国哥伦比亚大学戴维·菲利普研究团队认为，土耳其对“伊斯兰国”的援助方式包括武器、后勤、财政、军训、医疗等。在 2015 年土耳其击落俄罗斯战机后，俄罗斯方面明确表示土耳其在幕后支持“伊斯兰国”，并表示“伊斯兰国”在叙利亚和伊拉克境内非法所得石油的主要买家就是土耳其，甚至称埃尔多安及其家人参与到这类非法交易中。至于土耳其是否确在背后支持“伊斯兰国”并无定论，但土耳其希望利用“伊斯兰国”来削弱库尔德人武装倒是说得通的一个理由，因为库尔德人问题一直是土耳其政府的“头号敌人”，土耳其显然不希望库尔德武装利用国际社会打击“伊斯兰国”而趁机坐大。

则更是一盘散沙、派别林立，更无法在抗击“伊斯兰国”问题上形成合力。这些因素导致国际社会在打击“伊斯兰国”问题上无法开展有效合作，使得“伊斯兰国”得以盘踞在伊拉克和叙利亚的大片土地上。

反恐需要新思路

目前为止，国际社会对“伊斯兰国”开展的军事行动已经有效削弱了其实力，其所控制区域已被拦腰切断。不过要彻底消除“伊斯兰国”实属不易。国际社会在打击恐怖主义时，既要对恐怖组织进行坚决打击，同时也要注意消除问题产生的根源。恐怖主义的本质是宗教极端主义，恐怖主义能够滋生壮大，源自社会严重不公和外部的错误干涉。因此，国际社会需要努力解决世界发展严重失衡的问题。

与此同时，世界反恐合作需要一套系统化的理论叙述作支撑，而非只是一味地靠军事行动。如果国际社会在反恐过程中仍然不考虑建构一套普遍接受的话语体系，其结果将是既不能彻底治标，更不能有效治本。在这一问题上，阿拉伯国家的团结一致、什叶派与逊尼派修复关系非常必要。只有如此，阿拉伯国家才能共同对伊斯兰教义作出温和解释，挤压宗教极端主义的话语空间。否则，宗教极端主义不会消失，其引导下的针对所谓“异教徒”的暴力袭击不会消失，恐怖主义也就不会消失。

此外还值得一提的是，由于现代传播技术对恐怖主义的放大效应，人们在该如何看待恐怖主义威胁上意见并不一致。常见的观点是，恐怖主义已成为人类重要甚至头等威胁。比如，在 2016 年 2 月慕尼黑安全会议上，法国总理曼努埃尔·瓦尔斯就表示，“我们应告知民众，我们还将面临一次大规模恐怖袭击，即使我们尽最大能力与其斗争，超级恐怖主义也依然会持续，欧洲已经进入一个超级恐怖主义时代。”但与此同时，也有人强调恐怖主义给人造成的心理威慑远大于实际威胁。美国学者约瑟夫·奈就撰文表示，美国人每年死于恐怖袭击的可能性小于 350 万分之一。

与之相比，美国人死于其他意外的可能性更大。比如，死于浴缸意外的达 95 万分之一，死于家电事故的达 150 万分之一，死于撞鹿事故的达 200 万分之一，死于民航客机事故的达 290 万分之一。每年有 6000 名美国人死于边开车边发短信或打手机，这比死于恐怖袭击的几率要高出数百倍。美国死于激进伊斯兰恐怖主义的人数还不及心怀不满的办公室和学校枪手多。他强调说，恐怖主义不是第三次世界大战，国际社会应做的是尽量减小报道力度，掐断恐怖组织的传播渠道，避免免费为恐怖组织“做广告”和“造势”，“让暴徒在空无一人的影院上演他们的行动”。细想起来，这种说法其实也不无道理。

11

环球凉热不均温

——怎么看巴黎峰会后的全球气候治理

几经周折，2015 年 11 月的巴黎气候峰会避免了流产的风险。大是大非面前，国际社会最终携手，通过了《巴黎协定》，推动全球气候治理向前发展。然而，一分部署，九分落实。《巴黎协定》只是确立了方向，未来能否转化为实际行动，让人类赖以生存的地球家园变得宜居，正考验着各国智慧。

一纸协议拖六年

2015 年，法国首都巴黎可谓迎来多事之秋。原本想把气候峰会办得风风光光，孰料，峰会前夕巴黎遭遇前所未有的严重恐怖袭击。全城顿时笼罩在一片阴影之中，加重了人们对气候峰会能否如期举行的担忧。在国际社会的观望下，2015 年 11 月 30 日，第 21 届联合国气候变化大会在巴黎登场，195 个国家的领导人或代表出席峰会。经过两周的唇枪舌剑，各方最终达成了《巴黎协定》。各国承诺，将全球气温较工业化前水平升温控制在 2℃以内，朝着气温增幅控制在 1.5℃的目标努力。全球碳排放将尽快达至峰值，本世纪下半叶实现全球温室气体净零排放。

《巴黎协定》的问世，奠定了全球气候治理新的里程碑。《京都议定书》只明确规定了发达国家的量化减排指标，而《巴黎协定》则强调了各国都应履行应对气候变化的责任。因而，《巴黎协定》被称为历史上首份应对气候变化的全球性协定。同以往协定的面面俱到相比，新的协定相当简洁，堪称迷你版。英文版只有 30 来页，共计 29 项条款，涵盖减缓、适应、损失和损害、资金等领域。这份简明的协定，实际上是各国底线的对接，稍微逾越一步，巴黎气候变化谈判大会就会崩盘，重蹈往日覆辙。2009 年，哥本哈根气候峰会在万众瞩目中举行，当时国际社会对各方达成协议满怀期待。由于分歧严重，谈判无果而终。按照全球气候治理机制的安排，巴黎峰会是达成新协定的最后一次机会。如果再次错失良机，人类将在气候变暖的威胁面前坐以待毙。最终，各方不得不妥协退让，达成一份彼此都能勉强接受的协议，助推拯救人类的诺亚方舟扬帆起航。

从 2016 年 4 月 22 日开始，《巴黎协定》进入为期一年的开放签署期。首日就有 175 个国家签署这一协定，标志着全球气候治理又迈出关键一步。按规定，当不少于 55 个缔约方，且排放量占全球温室气体排放总量至少约 55% 以上的缔约方签署以后，该协定就正式生效。《京都议定书》2020 年到期以后，《巴黎协定》将成为各国遵

❖ 2015 年 12 月 12 日，法国勒布尔热，巴黎气候变化大会通过全球气候变化新协议，将为 2020 年后全球应对气候变化行动作出安排。

循的全球气候协议。

气变处理有政治

关于气候变化，到底是科学事实，还是阴谋论的产物，各种论调喋喋不休。近年来，似乎有越来越多的证据显示气温在持续升高。土地干涸、冰川融化、海平面上升，一个个活生生的现实为人类敲响了警钟。2016 年 1 月，世界经济论坛发布的《2016 年全球风险报告》指出，短期来看，人类面临的最大风险是减缓和应对气候变化措施不力。然而，言之凿凿的结论并不代表没有异议。事实上，国际上关于气候变化的质疑始终存在。概括来说，反对的声音主要有两类观点。一是质疑气候变暖是不可逆转的长期趋势；二是否认气温升高主要是由人类活动所导致。此外，围绕气温升高 2℃，人类是否会不堪重负，引来灭顶之灾，各方也是争论不已。国际社会还有意见认为，气候变化日渐跃升为一个重大的全球议题，源于背后利益集团的刻意炒作，实际上是一个精心编织的骗局。

不管各方怎样争执，气候变化都已成为当代主流国际话语，事关政治正确与否。有报道称，2015年法国一家电视台气候主播利浦·维尔蒂埃出版《气候调查》一书，书中建议对气候变化的成因和后果进行深入的思考，认为目前有一种不正常的政治高压在作祟，使得气候问题成为一种“宗教”，一个不容置疑的话题。该书的出版，引起轩然大波，作者最后遭到了解职的命运。无独有偶，2016 年初，澳大利亚官方以气候变化已是定论为由，解雇了一百多名从事气候科学研究的人员。可以说，在当前的语境中，应对气候变化，已成为国际社会的大气候。当然，《巴黎协定》的通过，也不意味着有关争议就此画上句号。未来，肯定和质疑气候变化的论战还将延续。

其实，气候变化不仅是一个气候问题，实际上是发展方式的抉择和如何看待世界发展持续性的问题。现有的研究证实，全球气候的显著变化几乎与工业化同步。西方开启的工业化进程，推动了人类社会的长足进步。与此同时，高污染、高消耗、高排放的弊端显露，给人类生活带来严重的负面影响。退一万步讲，姑且不论气候变化的真与伪，传统的发展方式确实难以为继，人类需要走出一条可持续的发展道路。虽然，各方对气候变化见解不一，但在走可持续发展道路方面却有高度共识。2015 年 9 月，联合国可持续发展峰会通过《2030 年可持续发展议程》，系统规划了未来 15 年可持续发展的蓝图，开启全球经济社会转型的新时代。绿色发展，已是人类繁衍生息的必由之路。

争执核心是责任

气候变化跨越国界，需要各国共同采取应对行动。然而，国际社会的无政府状态，导致缺少步调一致的安排。应对气候变化，减少碳排放，势必需要改变现有经济运作模式，触动既有利益格局。由于气候变化属于全球性问题，一些国家自然会滋生搭便车心理，缺乏主动减排的担当意识。为了促成国际合作，在联合国主导下，各国采取了谈判方式。1992 年制定的《联合国应对气候变化框架公约》，正是全球气候多边谈判的结果。这种多边谈判进程缓慢，甚至多次面临谈崩风险。究其原因，症结在于责任的划归问题。

国际社会的主流意见认为，气候变化是人类进入工业化以后，累积排放的温室气体日渐增加，进而导致气温升高。从现有人均排放量而言，发达国家也远高于发展中国家。解铃还须系铃人。作为曾经的主要排放源，发达国家理所当然要为先前的任性排放埋单。减缓和适应气候变化，离不开资金和技术。目前，发达国家在这两方面都具备主导优势。所以，无论是从情理上讲，还是就道义而论，发达国家都应承担应对气候变化的主要责任。国际气候谈判机制启动以后，初期就是按照这一逻辑进行设计。1997 年，国际社会基于此而达成《京都议定书》。然而，同样是这个原因，导致美国国会以受到不公平待遇为由，迟迟没有批准本国加入《京都议定书》。当前，发达国家的排放占比低于发展中国家。发达国家一再要求发展中国家承担相应的义务，取消应对气候变化的“二分法”。发展中国家则强调历史排放，希望发达国家继续履行应尽的义务，提供资金和技术方面的支持。两大阵营之间的针锋相对，导致国际气候谈判数次难产。

发达国家与发展中国家关于应对气候变化责任的争执，实质上反映的是发展权之争。这就好比吃饭，占尽先机的少数人总能抢到饭吃，等到已经是大腹便便的时候，提出了减肥的口号，要求饥肠辘辘的一大帮穷人跟着一起做运动，确实有失公平。当然，发展中国家目前对温室气体排放的“贡献”在增多，也需要积极参与减排行动。概而言之，在应对气候变化方面，发达国家和发展中国家都负有责任，但二者之间不能完全等同。只有按照“共同但有区别的责任”原则，全球气候治理进程才能延续。否则，国际气候谈判的基础将不复存在。

《巴黎协定》重申了“共同但有区别的责任”原则，平衡反映照顾了各方关切。然而，这一原则虽表面上得到了维护，却未能全面贯彻。根据各方谈判的结果，发达国家承诺要继续向发展中国家提供资金支持，但没有列明时间表和具体数额。早在 2009 年的哥本哈根峰会上，发达国家曾信誓旦旦表示要在 2020 年之前每年拿出 1000 亿美元支持发展中国家。遗憾的是，发达国家时至今日仍未兑现诺言，所谓的承诺只不过是画饼而已。有分析认为，巴黎峰会的会议成果模棱两可，主要是为减少发达国家的抵制。对此，发展中国家颇有怨言，而发达国家又觉得自身委屈。两大阵营都未能称心如意，可又别无选择，折射出当前应对气候变化的国际困境。

美国变为急先锋

十年河东，十年河西。受实力不济等因素的影响，欧盟等一批应对气候变化的先行者打起了退堂鼓。正当国际气候谈判徘徊不前的时候，昔日的落后生美国反倒成了领头羊。奥巴马政府上台以后，美国的气候政策转趋积极，一改往日只顾推责的做派。从应对气候变化的拖后腿者，摇身一变成为急先锋，实则反映了美国谋求充当世界领导者的意图。

冷战结束后，美国以唯一的超级大国自居，妄图实现领导世界的战略目标。然而，由于反恐战争的消耗，以及国际金融危机的冲击，美国的国力有所下降，国际威望似有日薄西山之势。奥巴马政府上台以后，试图重振美国的雄风。从 2009 年开始，美国忽然对气候变化问题热心起来。究其根本，是看准了未来全球的发展趋势。美国试图通过主导应对气候变化，凭借掌握低碳技术的优势，引领绿色发展的时代潮流，重塑未来于其有利的世界秩序。正因如此，美国才积极推动全球气候治理进程。

当然，美国敢于充当应对气候变化的先锋，最基本的还是有底气。减少碳排放，势必需要调整能源结构，降低化石能源的比重，提升清洁能源的分量。恰恰在这方面，美国已经走在了世界的前列。多年来，美国力推页岩气革命，页岩气开采独占鳌头。页岩气属于清洁能源，二氧化碳排放量少，美国的减排压力骤减，完成减排承诺指标几无悬念。此外，随着技术进步，美国清洁能源的成本也在不断下降。资料显示，美国风电和太阳能电所需成本降幅达一半，清洁能源走向普通家庭的门槛显著降低。2015 年中期，美国最新版的《清洁电力计划》公诸于世。根据该计划，2030 年前美国发电厂的碳排放量要比 2005 年的水平下降 32%，大量燃煤发电厂将会停产关闭，估计将减少 8.7 亿吨温室气体。美国总统奥巴马表示，这项计划是迄今美国为应对气候变化采取的最有力举措。当然，该计划的未来实施还面临不少困难，包括地方政府、传统产业等部门的阻力，能否达到预期效果尚待观察。

美国喜欢介入全球事务，到处都想插把手。但是，它总要拉上一些伙伴，给自身行动贴上合法的标签。巴黎峰会达成协定的前三天，突然冒出个“雄心联盟”，据称多达一百多个国家参与其中，占到与会成员的一半以上。有报道说，这个联盟并非各方心血来潮一时仓促组成，而是酝酿一段时日，背后有欧盟的鼓噪。为了表明心迹，美国高调宣布加入。“雄心联盟”不同于以往的气候阵营，既有美欧国家，也有发展中国家，巴西也选择入盟。由于来路不明，它将按照何种套路出牌，引发各种猜测和议论，增添了巴黎峰会的悬念。

果不其然，“雄心联盟”亮出了自身的底牌，显示出应对气候变化的“雄心壮志”。不但要实现将全球升温幅度控制在1.5℃内的目标，而且要求到2050年在2010年的基础上排放量减少40%—70%，本世纪实现零排放。“雄心联盟”的主张一经抛出，国际舆论顿时沸腾，可谓一石激起千层浪。在气候变化日益成为全球现实威胁的当下，喊出高目标，无疑赚足了道德上的优势。只不过口号已经过多，国际社会需要的是行动。值得注意的是，“雄心联盟”虽有作秀之嫌，但它的部分诉求在最终的协定中还是有所反映。

2016年4月22日，170多个国家领导人齐聚纽约联合国总部，共同签署《巴黎协定》。图为美国国务卿克里抱着2岁孙女签署《巴黎协定》。

“雄心联盟”的现身，表明国际社会在应对气候变化问题上的再度分裂与聚合。此前，发达国家和发展中国家构成国际气候谈判的两大对立方。此外，根据各自的具体关切，还逐渐形成了“伞形集团”“基础四国”、77 国 + 中国、非洲国家集团、最不发达国家联盟、小岛屿国家联盟、美洲玻利瓦尔联盟等各类阵营。虽然这些阵营内部分歧严重，但还算有一个共同立场，能用一个声音说话。“雄心联盟”则缺少共同的基础，各自意见不一，有的不主张具有法律约束力的协议，还有的对 1.5℃目标有持有异议。各国受气候变化的影响有大有小，有的面临现实威胁，有的考虑长远风险，往往难以凝聚共识。“雄心联盟”能够聚集发展水平不一的国家，反映了各国利益纵横交错，发展中国家的分化尤为严重。未来，国际气候谈判的政治角力将更趋复杂。

自主贡献难落实

巴黎峰会的谈判方式与以往不同，试行了国家自主贡献机制。从 1990 年气候变化谈判启动以来，国际社会遵循的是自上而下的减排模式。先是确定减排目标，再据此分解任务，由各国主要是发达国家进行分摊。按照《巴黎协定》的安排，2020 年以后的全球气候减排，将采取国家自主贡献模式，由各国根据本国情况自主认领，自下而上应对气候变化。这一模式具有包容性和自愿性，吸纳了几乎全部的国际社会成员参与应对气候变化。

巴黎峰会前，全球共有 180 个国家递交国家自主贡献文件。不过，目前各国公布的自主贡献累加起来，尚难以实现将全球升温幅度控制在 2℃以内的目标。据测算，全球气温升幅如果超过 2℃，人类将面临无法承受的严重后果。研究表明，为了实现气温升幅不超过 2℃的目标，各国的碳排放量需在 2020—2030 年达到峰值。今后如何弥补目标值与预期减排值之间的缺口，尚无具体的细化方案。《巴黎协定》只是原则规定，从 2023 年开始，启动以五年为周期的全球盘点机制，涵盖减缓行动和承诺之间的差距，保证实现预定目标。届时，各国根据总结情况，再调整自主贡献方案。

未来的标准制定、盘点和审核，也是一系列棘手的现实问题。

这些问题不仅属于技术层面，还带有政治属性。当今世界，民族国家是国际社会的基本单元。民族国家的主要特征体现在拥有主权，绝对自主性管理对内对外事务，各国地位完全平等。究竟由哪个国际机构进行核查，势必关乎国际体系的建设问题。如果核查未达标，赖账的国家是否会面临制裁，目前尚无定案。围绕气候核查机制的建立，国际社会的争斗还将继续上演。

人类共处一个地球，环球本应同此凉热。然而，由于现实利益考量不同，各方应对气候变化的态度原本就冷暖不一。当初，自上而下的强制减排，某些国家尚且敷衍塞责。如今，实行国家自主贡献机制，减排行动的成效基本上全凭各国自觉。如果各方不能同步行动，严格遵守各自承诺，来之不易的谈判成果难免会付诸东流。可以说，巴黎峰会虽已尘埃落定，但《巴黎协定》的落实尚需各国行动起来，做到言必行、行必果。

❖ 2015 年 11 月 29 日，环保组织在巴黎共和国广场举行“无声游行”，要求各国采取控制气候变化的措施。

砥柱中流中国担当

作为一个负责任的大国，中国一直是全球气候治理的重要参与者。中国积极应对气候变化，将其纳入国家发展的中长期规划，坚持减缓和适应气候变化并重。经过长期努力，中国已在减排方面取得重大进展。2015 年单位国内生产总值能耗比上一年下降 5.6%，超额完成“十二五”规划的节能降耗目标。中国已成为利用新能源和可再生能源的第一大国，可再生能源发电装机容量占全球总量的 24%，新增装机则占全球增量的 42%。当前，中国应对气候变化的内生动力不断增强。“十三五”期间，中国将践行创新、协调、绿色、开放、共享的发展理念，积极推动经济转型和产业结构调整，坚持走低碳发展道路，实现人与自然的和谐发展。中国已制订《城市适应气候变化行动方案》，计划在 2020 年前建设 30 个适应气候变化的试点城市，绿色建筑推广比例达到 50%，相关成果经考核验收后面向全国推广。此外，中国正积极推进气候变化的专门立法工作，确保应对气候变化有法可依。中国的有益探索，将为国际社会特别是广大的发展中国家提供宝贵的借鉴。

2015 年 6 月，中国向联合国气候变化框架公约秘书处提交了“国家自主贡献文件”。中国向世界庄严承诺，在 2030 年左右二氧化碳排放达到峰值并争取尽早实现，2030 年单位国内生产总值二氧化碳排放比 2005 年下降 60%—65%，非化石能源占一次能源消费比重达到 20% 左右等。同其他国家相比，中国的自主贡献方案，不仅有减缓目标，而且明确了适应气候变化的措施，包括调整能源结构。中国提交的方案契合了《巴黎协定》的最新要求，彰显了中国推动增长方式转变，走可持续发展道路的坚强决心。

中国在加大自身应对气候变化力度的同时，注重加强同主要经济体的政策协调，引领国际气候变化谈判进程。2015 年 9 月，中国国家主席习近平访问美国。两国元首发表《中美元首气候变化联合声明》。这是不到一年的时间内，中美两国发表的第二次联合声明。作为两大经济体和温室气体排放国，中美两国在气候变化领域达成共识，传递了合作应对气候变化的积极信号，为疲态尽显的国际气候变化谈判注入了一针强心剂。此外，中国还与欧盟、法国、印度、巴西等气候变化重要利益攸关方加强磋商，达成广泛共识，有力推动各方采取一致行动。

在应对气候变化方面，中国坚决维护发展中国家的合法权益，积极推动南南合作，向其他发展中国家提供资金和技术支持。中国宣布设立总额200亿美元的气候变化南南合作基金，以实际行动支持发展中国家应对气候变化。2016年，中国启动南南合作“十百千”项目，将在发展中国家开展10个低碳示范区、100个减缓和适应气候变化项目及1000个应对气候变化培训名额的合作项目，继续推进清洁能源、防灾减灾、生态保护、气候适应型农业、低碳智慧型城市建设等领域的国际合作。

联合国秘书长潘基文高度评价中国的作用，认为中国对《巴黎协定》的达成作出了历史性的突出贡献。正是中国的主动作为和积极引领，推动巴黎峰会取得重大成果。《巴黎协定》不是终点，而是新的起点。未来，中国将秉持人类命运共同体的崇高理念，继续与各方保持密切协作，完善全球气候治理，共同为人类的可持续发展事业贡献力量。

12

全球治理得靠它

——怎么看二十国集团杭州峰会

2016年9月，二十国集团（G20）领导人将在中国杭州聚首，这是中国首次主办这一国际重要峰会。作为当今世界经济治理的首要平台，中国主办G20峰会，无论是对于自身发展，还是对于整个世界经济和全球治理，都具有非常重大的意义。

危机促成大组合

根据国际货币基金组织2015年4月公布的数据，2014年世界GDP总量77.3万亿美元。世界经济的规模如此之大，各国之间的贸易、投资等经济活动如此之频繁，货币汇率、跨国资本管理等问题如此之复杂，显然，要想确保世界经济有序、健康的发展，需要有一个相互商量、协调政策的平台。简单说，G20的功能就在于此，它的主要目的就是促进全球经济的有效治理，促进世界经济的持续发展。

G20从哪里来的呢？实际上，它早在1999年就出现了，但一直没有引起国际社会的重视。应该说，2007—2008年爆发的金融危机使G20获得了新生！由于金融投机活动的猖獗，以及缺乏对金融行业的监管，美国出现了次贷危机，“雷曼兄弟”等很多著名的金融机构破产倒台。金融业跨越国界，将整个世界联系在了一起，源自美国的这场次贷危机向欧洲、亚洲等地迅速蔓延，造成希腊等欧洲国家出现主权债务危机，也就是过去用国家主权作担保借下的那些债务难以偿还了。一时间，人们见证了金融投机活动带给整个世界的威胁，只靠哪一个国家根本无法有效应对这场来势凶猛的金融风暴。在国际金融危机冲击的背景下，2008 年 11 月，G20 首次峰会在美国首都华盛顿举行。会议的主要议题是讨论金融危机产生的原因，共商应对金融危机的举措，探讨加强国际金融领域监管规范，推进国际金融体系改革等。

这场金融危机成为世界经济发展的一个重要转折点，它不仅暴露了美国等西方资本主义国家发展的内在弊端，也反映出全球经济体系的脆弱性。在美国等国，资源过度向金融领域集中，使用虚拟资本的投机行为和以实体经济为基础的投资活动两者间的合理比例被严重打破，进而失控。人们觉得金融业赚钱更快，制造业等实体经济受到忽视，金融机构变换花样，创造出名目繁多的金融衍生品，大家相互借债融资，导致经济体系中的杠杆率过高。由此，经济发展的基础并不稳固，加之美国等西方国家的消费、借贷、进口、福利均过度，因此出现了国内经济结构的严重失衡，尤其是债务规模巨大。在过去几年，美国已多次触及债务上限，其中联邦债务超过了 18 万亿美元的法定债务上限，比该国 GDP 总额还要高。一个国家就像是一个公司，如果背负的债务过高，肯定是一个让人忧心的大问题。

金融危机表明，世界经济的稳定和健康发展，不能再仅仅依靠美国等少数几个西方国家了！ 20 世纪 70 年代，世界经济也曾遭遇巨大动荡，从石油危机到货币危机再到经济危机，西方国家叫苦不迭、焦头烂额。为了应对这些挑战，1975 年 11 月，西方主要工业国美国、法国、德国、日本、英国、意大利六国领导人在法国举行首次最高级经济会议，次年加拿大应邀与会，形成七国集团（G7）。由于当时这些国家在世界经济中“块头”最大，G7 被认为是世界的“富人俱乐部”，可以控制世界经济、政治乃至安全事务的走向。1997 年俄罗斯的加入使 G7 转变为八国集团（G8）。虽然后来中国、印度、巴西等国也多多少少参与了 G8 的活动，但都是以“客人”或“观察员”的身份。换句话说，在讨论和管理世界经济和政治事务方面，这些国家并没有一种“主人翁”的感觉，说到底，还是因为实力不够！

随着发展中国家经济实力的快速上升，世界经济的格局也出现了显著变化。以中国为例，2000 年前后中国占世界 GDP 的比重约为 5%，到了 2014 年这一比例增至 15% 以上。2009 年，中国的经济规模超过日本，成为世界第二大经济体。2013 年，中国货物进出口总额在世界贸易中所占的份额超过美国，跃居世界第一。与此同时，中国成为世界经济增长的巨大“引擎”，用自己的发展带动了整个世界的发展。2015 年中国对全球经济增长贡献率超过 30%，也超过了美国。

美国经济学家伊斯瓦·普拉萨德（Eswar Prasad）在其所著《新兴市场》一书中指出，自 1960 年以来，包括中国、印度和巴西在内的新兴经济体的经济规模增长了 600%，而比较富裕的工业国家的增幅是 300%。到了 2014 年，金砖国家（中国、俄罗斯、印度、巴西、南非）的 GDP 总量占世界的 25.7%，人口占全球人口的 42%，贸易量占全球贸易额的 17%，吸引外资占比 18%，外汇储备占全球外汇储备总量的 40%，其持有美国国债的数量占外国持有美国国债总额的 30%。金砖五国的消费市场超过 4 万亿美元，相当于欧元区的水平。2014 年 10 月，国际货币基金组织的统计显示，七个最大的新兴市场经济体（中国、俄罗斯、巴西、印度、墨西哥、印度尼西亚、土耳其）的 GDP 总量超过 G7 国家的 GDP 总量。虽然统计的方式方法仍有争议，但足以表明世界经济格局今非昔比，G7 国家完全掌控全球经济发展的时代已经过去了。

G20 的成员国不仅包括上面提到的这些新兴经济体，还有韩国、沙特阿拉伯、阿根廷、澳大利亚等国。显然，相对于 G7 或 G8，

G20 具有较大的代表性，反映了世界经济力量对比的变化，其成员国人口总量约占世界人口的 2/3、世界 GDP 总量的 90% 以及世界贸易总额的 85%。G20 成员国的发展水平不同，发展模式多样，文化传统和价值理念多元，这种“多姿多彩”更加契合国际关系民主化的要求。

发展面临挑战多

从 2008 年开始，G20 已经举办了多次峰会。与联合国、国际货币基金组织等不同，G20 目前还没有常设的秘书处，主要是靠会议推动这一机制的运行。每年由一个成员国担任轮值主席国，设立“临时秘书处”，基本上每年召开一次各成员国财政部长和央行行长会议，之后再举行由国家元首或首脑参加的峰会。相关会议也会邀请国际货币基金组织总裁、世界银行行长以及国际货币金融委员会和发展委员会主席作为特邀代表参加，从而确保 G20 与其他国际经济治理机制实现“对接”。

近年来，虽然 G20 在稳定世界经济、促进国际金融体系改革等方面取得了一些成果，但面临的限制性因素仍然很多，其在全球治理中的作用尚未得到充分发挥。

首先是发达国家和新兴力量之间的较量。应当说，美国当年之所以主张做大 G20，主要是出于一种“应对危机、转嫁负担”的考虑。毫无疑问，美国、欧洲和日本这些发达国家并不甘心放弃它们对全球经济治理的主导权，在很大程度上，推动 G20 是西方国家的无奈之举。此外，它们也希望借助 G20 稀释新兴力量的冲击，避免中国等国家在体制外“造反”。可以说，G20 是发达国家与新兴力量经济权力再博弈、经济利益再分配、经济规则再调整的平台。对于发达国家来说，G20 是金融危机、经济危机“逼出来”的产物，它们借助 G20 可以和新兴力量“共苦”，但难以“同甘”。如今，金融危机最困难的时期已经过去，美国经济也出现较为明显的复苏，发达国家与新兴力量协调经济政策的需求在下降，“抱团取暖”的紧迫性降低。

此外，美国近年还强势推动跨太平洋伙伴关系协定（TPP）、跨大西洋贸易和投资伙伴协定（TTIP）等新的国际经济规则，企图从规则的层面对新兴国家进行打压。G7依然具有很强的优越感，G7成员国之间的政策协调更加深入、有效，西方国家希望重振G7在全球经济治理方面的主导作用，通过G7国家的协作来给G20定调。日本在2016年5月主办G7峰会，在美国等国的支持下，日本憋足了劲儿要抢中国主办2016年G20的风头。它们也试图利用G7峰会的成果来影响和牵制G20杭州峰会。

其次是G20内部的集团化、阵营化趋势明显，同时也面临一些外部挑战。不同的国家有不同的利益诉求，它们往往会“抱团前行”，

❖ 2016年4月10日，日本广岛，七国集团外长会议在广岛市开幕，会议将讨论反恐、难民支援、核裁军及核不扩散等问题。

除了G7，在G20内部还有一些其他“小圈子”。比如，墨西哥、印尼、土耳其、韩国和澳大利亚已经成立了“中等强国合作体”（MIKTA），它们觉得自己既挤不进G7这种发达国家的“第一梯队”，又不属于金砖国家，因此想要借助所谓“中等强国”的共同身份加大彼此之

间的政策协调。实际上，金砖国家之间合作也存在一些问题，新兴力量发展阶段、经济结构等都存在差异，利益诉求不一，这就会造成一些难以化解的分歧。以中国为例，一方面，中国与其他金砖国家的发展阶段相似，在若干产业领域存在竞争关系，而且作为大宗商品消费者，中国与俄罗斯、巴西等出口国之间难免存在利益博弈。近年来，在世贸组织框架下，对中国发起的贸易投诉有 70% 来自印度、巴西等发展中国家。另一方面，中国在金砖国家中的实力可谓“超群”，将导致其他四国对中国独大并掌控这一合作机制抱有疑虑和警惕。此外，G20 毕竟只是全球 20 个国家组成的一种协调机制，还有很多经济实力较强的国家因为各种原因被排除在外。一些非 G20 成员国对 G20 表示质疑，并力图阻止 G20 在全球经济治理中一家独大，新加坡等国就组成了所谓“全球治理集团”进行抗衡。

❖ 2016 年 4 月 15 日，二十国集团（G20）财长和央行行长会议在美国华盛顿举行。中国人民银行行长周小川和财政部部长楼继伟共同主持会议。

再次是 G20 主要靠“议题驱动”，会议成果的落实并不让人满意。虽然 G20 成员国都同意峰会应该聚焦全球经济的“最前沿挑战”，但什么是“最前沿挑战”，留给主办国的解释和操作空间很大。一般来说，G20 的议题包括三个层面：一是促进全球经济增长的长期性话题，比如防范贸易保护主义、协调投资政策等；二是体现各国特别关切的话题，如 2014 年澳大利亚主办的峰会着重突出“促进私人企业成长”；三是一些突发性、热点性议题，如 2015 年土耳其主办的峰会讨论了叙利亚难民问题。这种“议题驱动”的方式虽然体现了 G20 作为“非正式国际机制”的性质，但难免会带来议题转移和“失焦”的状况。

此外，G20 峰会作出的决定要想得到真正落实，也不太容易，常常招致成员国的阻碍，尤其是美国。随着新兴经济体的增长和全球经济格局的变化，对国际货币基金组织改革的呼声随之高涨。2010 年 11 月，在韩国举行的 G20 峰会通过了国际货币基金组织份额和治理改革一揽子方案，要求增加新兴经济体和发展中国家在这一重要国际机构中的决策影响力。然而，美国国会却一直拒绝批准这份方案，即便美国政府已经同意。在国际社会的巨大压力之下，经过了 5 年的漫长等待之后，美国国会最终才在 2015 年 1 月批准了这一改革方案。

世界目光聚中国

虽然 G20 的发展存在这样那样的问题，但它总归是体现全球治理包容性的一种机制安排，尤其是对于新兴经济体和广大发展中国家来说，G20 的壮大有助于改变过去由少数西方国家掌控世界经济的状况。2016 年 9 月，中国将在杭州主办 G20 峰会。面对当前错综复杂的国际经济金融形势，国际社会对此次 G20 峰会非常关注，期待中国能够发挥大国领导力，推动各国加强合作，共同应对世界经济的挑战。

从 1978 年党的十一届三中全会决定实行改革开放算起，我国在过去 30 多年中实现了经济年均 10% 以上的高速增长，在规则和制度上与国际体系稳步接轨，在全球事务中扮演越发重要的角色，并逐渐走向世界舞台的中心位置。2012 年党的十八大以来，以习近平同志为总书记的党中央接过历史的接力棒，带领 13 亿人民在实现“两个一百年”奋斗目标、实现中华民族伟大复兴中国梦的道路上砥砺前行。应该说，中国的发展正在步入一个新的时期，中国与外部世界的联系更加紧密。2014 年，中国对外直接投资总额首次超过吸引的外资总额。类似的一系列数据表明，中国经济结构资源在外、市场在外、投资在外“三头在外”的格局日益清晰。在这种情况之下，能不能建立开放型经济新体制，能不能统筹考虑和综合运用国际国内两个市场、国际国内两种资源、国际国内两类规则，能不能从更深远的全球视角观察和规划改革发展，成为中国发展面临的严峻考验。

而这也正是中国需要更深入地参与全球治理尤其是全球经济治理的重要原因。对于全球治理，习近平总书记极为重视。2015 年 10 月，中央政治局专门就“全球治理格局和全球治理体制”问题进行集体学习。习近平总书记强调，推动全球治理体制向着更加公正合理方向发展,将为我国发展和世界和平创造更加有利的条件。实际上，过去几年来，中国在推动全球治理变革方面已经取得了令人瞩目的成就。比如，2015 年 11 月 30 日，人民币正式加入国际货币基金组织“特别提款权”（SDR），它是后布雷顿森林体系时代第一个真正新增的篮子货币，也是第一个来自发展中国家的 SDR 货币，在国际货币体系发展史上具有里程碑意义。加入 SDR 是人民币国际化迈出的重要一步，它意味着世界对中国日益增强的影响力和发展潜力的高度认可，也是中国参加国际货币金融治理的关键一环。

此外，由中国倡议设立、57 国共同筹建的多边金融机构亚洲基础设施投资银行（亚投行）于 2015 年 12 月 25 日宣告成立，并于 2016 年 1 月 16 日正式开张。亚投行和 2015 年 7 月正式开业的金砖国家新开发银行，是新兴经济体和发展中国家以更大的主动性积极完善国际经济治理机制的重要体现。除了在经济领域，中国还大力推动了气候变化等领域的全球治理。2015 年，习近平主席亲自出席气候变化巴黎大会,系统提出应对气候变化、推进全球气候治理的“中国方案”，为巴黎气候协定的最终达成作出巨大贡献，体现了大国担当，受到国际社会的广泛赞誉。可以说，在全球治理问题上，中国正从规则接受者向制定者转变，从被动参与者向主动塑造者转变，从外围协商者向核心决策者转变。

G20是中国首次以塑造者、创始国和核心参与方身份参与的全球经济治理机制，中国高度重视促进G20发展壮大。根据国际组织测算，中国是“G20全面增长战略”的最大贡献者之一。2014年，中国向G20提交的增长战略包括了134项相关政策措施，不仅展示了中国以改革促增长的决心、理念和行动，也体现了中国促进G20发展的持续贡献。中国对G20的未来充满期待，正如习近平总书记所说，要让G20真正成为世界经济的“稳定器”、全球增长的“催化器”和全球经济治理的“推进器”。正是基于为G20和世界经济发展作更大贡献的愿望，中国提出主办2016年G20领导人峰会。考虑到当前世界经济面临的突出挑战，以及中国在世界经济中举足轻重的地位，国际社会正热切关注今年G20杭州峰会，期待世界经济从中国再出发。

此次G20杭州峰会的议题是“构建创新、活力、联动、包容的世界经济”。中方着力从三个新角度寻求峰会的突破：一是以创新发掘新动力，二是以改革注入新活力，三是以发展开辟新前景。这是首次把创新增长作为G20峰会的重点议题，期待以新工业革命、数字经济等为契机，制订世界经济创新增长的新蓝图。此外，此次杭州峰会强调结构性改革的重要性，将推动主要经济体就此达成新的共识，合力把世界经济拉上强劲复苏之路。中方把发展问题放在宏观政策协调突出位置，推动G20成员率先制订落实联合国《2030年可持续发展议程》的行动计划，带动全球范围的包容、联动发展。

显然，这次峰会的议题与中国自身的发展议程是高度契合的。2015年，党的十八届五中全会审议通过了《中共中央关于制定国民经济和社会发展第十三个五年规划的建议》，提出了“创新、协调、绿色、开放、共享”的新发展理念。“创新”在其中占据了引领性的位置。在中国由大国走向强国的进程中，在经济发展进入新常态的背景下，培育新的增长动力和发展优势主要靠创新，“抓创新就是抓发展，谋创新就是谋未来”。实际上，如何实现创新增长也是世界范围内关注的焦点。中国推动此次 G20 峰会聚焦创新增长这一问题，不仅为世界提供答案，也可以为中国自身的发展带来更多的有益参考。办好 G20 杭州峰会和中国的民众、企业、社会组织等有着密切关系，需要“更多人关注、更多人参与、更多人受益”，要把峰会办成“交响乐”。中国也需要以此次 G20 杭州峰会为契机，为更加深入地参与和引领全球治理，大力提升理念、政策、人才等方面的储备，让一种更公正更合理的全球治理机制为中国梦的实现提供更大助力。

13

“万物互联”安全难

——怎么看世界网络安全

万物互联、“大智移云”（大数据、智能化、移动性和云计算）已经成为这个时代新的代名词。人们徜徉在网络的世界里，享受着互联网给生活带来的各种便利。然而，与网络越是亲密，我们越有可能深受其害。

网络安全风云起

2015 年，无论在国内还是国外，网络信息泄露事件层出不穷，与 2014 年相比有过之而无不及，虚拟世界经历的多次暴风骤雨，无不让人胆战心惊。

在国外，2015 年发生了四起数量巨大的信息泄露事件，其中包括：美国人事管理局 (OPM) 的 2700 万政府雇员及申请人信息泄露；美国第二大医疗保险公司 Anthem 的 8000 万客户及员工的信息泄露；一家面向全球的婚外恋网站 Ashley Madison 的 3700 万用户信息泄露；意大利间谍软件公司 Hacking Team 被黑，其中包含多个零日漏洞、入侵工具和大量工作邮件及客户名单的 400G 数据被传到网上任意下载。

在国内，2015 年新年伊始，网络信息泄露问题就接连不断。2 月，

❖ 2016 年 4 月 19 日，美国华盛顿，就苹果公司加密事件，美国联邦众议院以及调查组再次展开听证会。

网络租车公司优步 (Uber) 披露，5 万名司机的个人信息被不知名的第三方人士获取，其中包括社保码、司机相片、车辆登记号等信息。4 月，360 补天平台披露，遍布 19 个省份的社保系统相关信息泄露达 5279.4 万条，其中包括个人身份证号、社保参保信息、财务、薪酬、房屋等敏感信息。8 月，在线票务销售平台大麦网 600 余万用户账户密码泄露并在论坛公开售卖。10 月，乌云平台曝光网易用户数据库“疑似泄露”，数量近 5 亿条。虽然至今没有证据证明这个数字，但许多普通网民纷纷表示自己的邮箱已经被登录篡改，甚至因用网易邮箱注册苹果账户导致手机被网络犯罪分子锁住。

移动互联网、大数据和云计算飞速发展，一方面对网络信息安全提出了挑战，另一方面也进一步刺激了网络信息安全市场的发展。2015 年国际网络安全行业掀起投资并购大潮，仅上亿美元的融资并购就有至少 20 起。其中最大的三起分别为贝恩资本（Bain Capital）24 亿美元收购 Blue Coat 、思科 6.35 亿美元收购 Open DNS 和新加坡电信（Singtel）以 7.7 亿美元完成对管理安全服务提供商 Trustwave 的收购。

2015 年底，知名信息安全媒体安全牛发布的《2015 年网络安全大事记》指出：百度、腾讯、阿里巴巴和奇虎 360 公司在 2015 年均在投资并购方面动作频频，影响比较大且已经公开的有：腾讯二度投资知道创宇，投资额约为 6 亿元；百度亿元级资金全资收购安全宝；阿里花费 2 亿元左右收购翰海源；360 公司 2016 年 5 月正式宣布成立 360 企业安全集团，同时在行业内投资布局了多家安全企业，如天空卫士、威努特等，三年来总投资额超过 30 亿元。此外，腾讯和启明星辰、阿里云与安恒、普华永道与谷安天下，分别在终端安全服务、云安全和安全咨询服务方面达成战略合作。

中国网民近 7 亿，其中 6 亿多使用手机上网。国内三大通信运营商也不再甘心只开展自身网络防护，将目光投到不断增长的信息安全市场中。如中国电信推出的 DDoS（分布式拒绝服务）防护系统“云堤”，中国联通推出移动办公等领域的联通安全方案。

网络安全应合作

随着“互联网 +”时代的到来，以智能生活为代表的联网设备也逐渐成为网络攻击目标。2015 年 9 月 17 日，网上消息曝光非官方下载的苹果开发环境 Xcode 中包含恶意代码，会自动向编译的应用软件注入信息窃取和远程控制功能，包括微信、网易云音乐、高德地图、滴滴出行、铁路 12306，甚至包括一些银行在内的手机应用软件均受影响。

美国布鲁金斯学会研究员辛格和弗里德曼在《网络安全：输不起的互联网战争》一书中指出，“没有任何问题，像网络安全问题一样得到如此之快的重视。当然，也没有任何问题，像网络安全问题一样让人们知之甚少。”围绕网络空间的国际竞争与合作也愈演愈烈，网络战争逐渐成为了各国之间新的角力平台。2016 年 2 月 9 日，美国总统奥巴马向国会提交 2017 年政府财务预算，其中包含 190 亿美元的网络安全预算以及新推出的《网络空间安全国家行动计划》。该计划包括了短期的行动措施和需要实施的长期战略等方面内容，以确保美国联邦政府、私营企业和美国公民能够更好地掌控安全。

2015 年 10 月，美国《华尔街日报》网站刊发了一篇题为《网络战引发新的军备竞赛》的文章。文章指出，当前世界上至少有 29 个国家设有正规的军事或情报机构用来专门从事进攻性黑客活动。约 50 个国家购买了可用于国内外监控的先进黑客软件，其中美国的黑客行动最为先进。伦敦国际战略研究所发布的《2014 年军事力量对比》年度报告中，对各国网络部队的描述是“其能力无法进行量化评估”。在这种互相猜疑的氛围中，国家之间的互不信任很容易被进一步激化，网络军备竞赛也势必愈演愈烈。

在无政府主义盛行的网络世界中，传统的国家间矛盾很容易转化为虚拟世界的对抗。当前各国相继进入战略核心内容的集中部署期，国际关系在虚拟世界里经受着各种考验。巴基斯坦与印度这对拥有核武器的宿敌如今会时不时地非法闯入对方企业和政府的网络。丹麦和荷兰已经开始研发进攻性电脑武器，阿根廷和法国亦然。在国家网络安全战略力量整合方面，美国在《2014 财年国防预算优先项和选择》中就曾提出整编 133 支网络部队计划。2015 年 4 月，奥巴马签署了一项防止全球范围的网络罪犯破坏美国网络基础设施、劫持网络，盗取美国企业和危害公民个人信息的行政令。基于该行政令，奥巴马政府将把美国司法部与网络安全相关活动方面的资金提高 23%，以改善执法机构识别、打击和逮捕网络罪犯和破坏分子的能力。同时，建立一支 6200 人的网络部队，大力支持美国政府在各个领域内的网络行动。该网络部队将于 2018 年全面投入运转。

网络军备的日趋激烈并不能减少国家之间网络冲突，反而有可能激化不必要的矛盾与对抗。2015 年 6 月，美国人事管理办公室被黑客渗透，2700 万人信息泄露。美国怀疑此事乃中国政府所为，其国家情报总监克拉珀竟然公开表示，将中国确定为入侵事件的首要嫌疑对象。据美媒报道，奥巴马政府正在研究一系列针对中国的“前所未有的”经济制裁，制裁对象主要为“通过网络盗窃美国贸易机密信息中获益的中国企业和个人”。2015 年 9 月，中国国家主席习近平在对美国进行国事访问期间，与美国在“网络安全”方面就共同打击网络犯罪达成重要共识。双方在扩大合作、管控分歧的原则下，将“网络安全”这一分歧点转化成为合作点。最终在 12 月中美两国的首次网络安全对话上，双方将此次事件定义为非国家支持的攻击。

在虚拟世界中，人类固有的共同利益，为合作提供了可能。当下世界对于互联网和互联网治理有着各种不同的观点。一类国家希望“重新获取自己国家的网络信息主权”；而另一类国家，将网络的开放当作成功的关键，无论网络的物理地点在世界哪个角落。2015 年美国国务卿约翰·克里和佩妮·普利茨克合写了一篇名为《印度和美国如何建立 21 世纪合作伙伴关系》的文章，文中表示要针对打击网络袭击展开安全方面的合作，建立一个多方参与、利益攸关的网络管理系统，从而实现一个更开放、更安全和更可靠的网络空间。

美国《福布斯》杂志在预测 2016 年十六大趋势中，其中有一条是“网络正邪之战”，该文指出“2016 年将目睹全球网络犯罪团伙与一个迅速组成的大企业和政府团队之间的大对决。犯罪活动已经集中到金融服务领域，虽然代价高昂，但随着更多行业联网——比如医疗保健，遭受攻击的可能性更大。好消息是，政策制定者将

❖ 英国伦敦，一本关于网络战争的指导手册。

拟定新的网络安全和数据保护法。”

全球治理互联网

在新兴技术产业的强劲增长驱动下，“互联网 +”的理念深入人心，网络安全问题的影响范围也随之延展，威胁程度日渐加深。网络安全隐患遍布于新兴技术产业的各重要环节，但目前在世界范围内有针对性的安全产品极度稀缺，相关防御技术手段的研发尚处于起步阶段。网络空间里无论你是谁，都已经难以置身事外。

欧盟委员会在 2014 年 2 月公报中曾强调网络空间治理中的政府作用。在题为“欧洲在塑造互联网监管未来中的作用”的报告中提倡建立更为透明和负责，更具包容性的互联网治理模式。政府将网络安全问题视为国际性问题，大大推动了政府治理互联网时代的到来。

国家之间在网络安全问题上的合作是有效遏制当前网络不安全态势的有效途径，互联网全球治理的必要性也随即成为各国政府的普遍共识。然而，政府由于其特殊运行架构，在互联网治理方面也存在着天然的局限性。正如《网络安全》一书指出的那样，在过去，当危机来临的时候，政府可以控制接通谁的电话。今天，在基于网络数据包通信的网络世界，即便是总统的邮件也并不比一个小孩跳“江南 style”的视频更优先。传统上，政府的权力和领土相连，这意味着它仅在约束物理层面的网络基础设施上最有效。网络安全需要政府与私营企业维持一种合作与平衡。

事实上，私营企业已经控制了世界大部分的网络基础设施。美国情报局前任主管迈克尔·麦康奈尔估算，98% 的美国政府通信，包括秘密通信，都是通过私营网络和系统传输。2015 年 6 月 30 日全球互联网治理联盟首次全体理事会在巴西圣保罗召开，会议通过了联盟正式章程，并选举了阿里巴巴董事局主席马云等三人为联盟理事会联合主席。

网络治理的另一类重要主体就是国际组织。在 2012 年 12 月的国际电信联盟（ITU）会议上，互联网治理成为讨论热点。世界各国代表齐聚迪拜，重新探讨国际电信管理规则。在会议上，俄罗斯、中国、苏丹等国积极推进将互联网管理作为 ITU 的职责，并给予各国管理网络构建的权力。而美国、欧洲及其他同盟如澳大利亚和日本，担心对于网络安全的恐惧被错误地用于限制自由。

此外，ICANN 、IETF 、W3C 等国际互联网治理主要机构于 2013 年 10 月，共同签署了“关于未来互联网合作的蒙得维的亚声明”，将所有的利益相关者平等参与视为未来互联网治理的发展方向。2014 年 4 月，巴西互联网大会发表《网络世界多利益攸关方声明》，

全球互联网治理主要机构

ICANN（The Internet Corporation for Assigned Names and Numbers），互联网名称与数字地址分配机构：是一个非营利性的国际组织，成立于 1998 年 10 月，是一个集合了全球网络界商业、技术及学术各领域专家的非营利性国际组织，负责在全球范围内对互联网唯一标识符系统及其安全稳定的运营进行协调，包括互联网协议（IP）地址的空间分配、协议标识符的指派、通用顶级域名（gTLD）、国家和地区顶级域名（ccTLD）系统的管理、根服务器系统的管理。这些服务最初是在美国政府合同下由互联网号码分配当局（Internet Assigned Numbers Authority,IANA）以及其他一些组织提供。现在，ICANN 行使 IANA 的职能。

IETF（The Internet Engineering Task Force），国际互联网工程任务组：是一个公开性质的大型民间国际团体，汇集了与互联网架构和互联网顺利运作相关的网络设计者、运营者、投资人和研究人员，并欢迎所有对此行业感兴趣的人士参与。

W3C（World Wide Web Consortium），万维网联盟：创建于 1994 年，是 Web 技术领域最具权威和影响力的国际中立性技术标准机构。到目前为止，W3C 已发布了 200 多项影响深远的 Web 技术标准及实施指南，如广为业界采用的超文本标记语言（标准通用标记语言下的一个应用）、可扩展标记语言（标准通用标记语言下的一个子集）以及帮助残障人士有效获得 Web 内容的信息无障碍指南（WCAG）等，有效促进了 Web 技术的互相兼容，对互联网技术的发展和应用起到了基础性和根本性的支撑作用。

提出未来互联网治理的“全球原则”和“路线图”。当前，在各种治理平台和国际场合，ICANN 全球化均成为重要议题。由于基础网络资源的管理分配权与技术标准制定权决定了互联网治理的话语权和主导权，ICANN 的机构改革和国际化管理将成为互联网治理格局重塑的重要切入点。

“网络主权”应尊重

目前，中国有近 7 亿网民、400 多万家网站，网络已深度融入经济社会发展、融入人民生活。然而，万物互联下网络攻击也正逐步向各类联网终端渗透，例如专门针对工业控制系统的“震网”（Stuxnet）病毒就可以感染全球超过 4.5 万个网站。随着互联网技术的发展与产业升级相互依存度日益紧密，网络安全成为一个国家经济发展的重要保障。

互联网时代，国家主权从领土、领空、领海等领域拓展到“信息边疆”等新领域。有一种观点认为，全球网络空间是“全球公地”（Global Commons），理由是和海洋、外层空间以及极地一样，没有单一行为体有能力控制整个网络空间。如果参考公海、外空、电磁频谱等非领土空间国际治理的实践经验，以适当方式承认主权的存在，即主要从主权平等的角度认可技术能力相对处于弱势的国家有权享有技术发展带来的福利，与此同时强势行为体在不对称地获取地缘战略利益方面保持克制，是确保网络空间治理走向稳定和健康的关键所在。

中国早在 2010 年 6 月就公布了《中国互联网状况》白皮书，中国政府认为，互联网是国家重要基础设施，中华人民共和国境内的互联网属于中国主权管辖范围，中国的互联网主权应受到尊重和维护。2014 年 7 月国家主席习近平在巴西演讲中第一次提出信息主权，强调“虽然互联网具有高度全球化的特征，但每一个国家在信息领域的主权权益都不应受到侵犯，互联网技术再发展也不能侵犯他国的信息主权。”2015 年 7 月 1 日十二届全国人大常委会第十五次会议表决通过了新国家安全法，明确了“网络空间主权”的概念。

2015 年 12 月 16 日，习近平主席在参加第二届世界互联网大会时提出了推进全球互联网治理体系变革应该坚持的四大原则，其中将网络主权放在了首位。习近平主席在演讲中指出，以《联合国宪章》为核心的国际关系基本准则，同样适用于国家主权原则在网络空间的应用。比如，国家对其领土内的信息通信基础设施和信息通信活动拥有管辖权；各国政府有权制定符合本国国情的互联网公共政策；任何国家不得利用网络干涉他国内政或损害他国利益。

14

宇宙从此无净土

——怎么看世界大国的太空军备竞赛

1957年，苏联将首颗人造卫星发射升空，揭开了人类进军太空的序幕。此后，太空成了大国比拼的竞技场，各种新式的装备层出不穷。曾经沉寂亿万年的太空，变得愈发热闹起来。有外国媒体称，一场惊心动魄的星球大战正在上演。

大国角逐新战场

世界大国竞相加大太空投入，首要考虑是维护本国的国家安全。美国前总统肯尼迪曾慨叹，“谁控制了宇宙，谁就控制了地球；谁控制了空间，谁就控制了战争的主动权”。这一论断，放到今天更显精准。如果说天空是20世纪大国争霸新的决胜场，太空则是21世纪大国博弈和争锋的场所。要赢得地球上的战争，必须掌握太空中的主动权。当前，太空力量与空中、陆地、海洋力量的整合加快推进，全方位立体化的作战格局形成。军事专家指出，天基信息将成为未来战争的决定因素。运行在太空中的卫星源源不断地提供侦察、通信、导航、气象等信息，左右着各方在地面和空中战场的输赢。

冷战时期，太空曾是美苏两强争霸的空间。苏联解体后，美国成为唯一超级大国，垄断太空资源的意图昭然若揭。然而，太空并没有成为美国独霸的天下，大国争夺太空的历史还在延续。俗话说，瘦死的骆驼比马大。作为苏联的后继者，俄罗斯承接了苏联大部分航天基础设施和太空力量。由于资金捉襟见肘，以及原来自成一体的地面发射基地和防空体系七零八落，俄罗斯的太空能力一度元气大伤。普京上台后，矢志国家复兴，重拾大国梦想，增加太空军事投入，重新建立统一的监测和空防体系，恢复往日太空强国地位的目标表露无遗。此外，欧洲、日本、印度等地区和国家纷纷加快进军太空的步伐，形成了群雄竞逐的局面。

太空不光是大国比拼的擂台，越来越多的中小国家也试图在太空占有“一席之地”。有报道称，巴西、乌拉圭、马来西亚等国密切关注着太空领域的进展，有的还制订了军事上开发和利用太空的计划。按照国际规则，为避免各国发射的卫星撞车，卫星轨道实行先占先登原则。不少国家虽然没有卫星研发运送能力，却抢着先占下轨道，然后再通过转手，或者合作发射卫星等方式，从中分一杯羹。如此这般，原本寂寥的太空不再平静。

可以说，太空已与网络、深海、极地等成为新的安全疆域，刷新着人类对国家安全的认识，深度重塑着人们的战争观，引发战争形态的变革，推动大国军事竞技模式的转型，加速太空博弈时代的到来。

太空攻防暗流涌

当前，“太空战”一词颇为流行。所谓的太空战，通常是指以地球的外层空间为战场而进行的作战，主要是利用天基武器系统，摧毁敌方的太空系统，达到夺取制天权的战斗目标。太空既是各国最外围的防守线，也是位置最高的进攻阵地。专家指出，如果没有太空系统的支撑，当今所谓的军事霸主作战能力就会大打折扣，甚至将重回二战时期的水平。

正所谓站得高看得远。九霄云外的卫星不分昼夜运转，地球上的每个角落都一览无余。除利用本土外，美国还在盟友的领土上空部署卫星系统，建立覆盖全球的卫星系统，随时随地监测整个地球，使其成为名副其实的“全球眼”。正是美国具备得天独厚的侦查预警优势，才使其能够到处派兵。有媒体披露，美国约有 50 颗军事侦察卫星在太空巡弋，可见光成像卫星地面分辨率已达 0.1 米，合成孔径雷达成像卫星分辨率达 0.3 米。作为美国重要的亚太盟友，日本的空间侦察水平也不容小觑，据称已达到较高水平，居于世界前列。各国通过卫星获取的资料，不间断地由高速信息技术传递到地面指挥中心，为本国的应对决策提供参考。

世界上的任何事物往往都是一体两面。太空系统虽然在军事国防方面的威力强大，但也有其致命弱点。一旦遭受攻击，所有的作战防线可能瞬间瓦解。鉴于卫星在国家安全防御和进攻中的地位日显重要，研制反卫星的武器提上日程。早在冷战时期，美苏两国就曾煞费苦心谋划如何击破对方的卫星。苏联研制过专门反卫星的卫星，走的是自杀式的路线。该款卫星具有轨道推进跟踪和识别功能，只要锁定敌方卫星，就可启动自我引爆程序，通过爆炸产生的大量碎片击毁目标。美国则是机载反卫星导弹，依靠在高空飞行的 F-15 战斗机发射导弹，直接射向近地轨道的目标卫星，从而将其摧毁。世界军事界流行一句话，要在地球上击败敌人，就必须先控制近地轨道。有分析指出，越来越多的侦察卫星潜伏在近地轨道附近，伺机而动，静候杀向目标卫星的指令。大国在反卫星技术研发方面你追我赶，新的反卫星手段层出不穷。网络、电子、激光攻击等多种方式派上用场，要么干脆击落目标卫星，要么干扰在轨卫星的运行。当下，电磁脉冲武器成为卫星的克星，被誉为“21 世纪的太空原子弹”。有研究指出，各国的卫星上天后电子元器件和设备裸露在外，如果遭遇敌方电磁脉冲袭击，便会瞬间失灵，整个卫星处于瘫痪状态。相比于反卫星导弹，电磁脉冲的杀伤力有过之而无不及，而且作战手法更为隐蔽，可谓杀敌于无形。

反卫星技术的出现，导致大国相继提升卫星运行水平，通过变轨、增强机动性等应变措施，提高抗打击防干扰的能力。大国也在做好后手准备，万一本国卫星遭遇不测，就快速派上备用卫星补位。当然，掌握反卫星技术的国家只是少数大国，各自拥有相互摧毁的能力。目前，大国在使用反卫星技术方面只限于试验，尚未投入实战之中。毕竟，如果一方率先发动袭击，势必遭受对方的反制报复。此外，无论哪国挑起太空战，都会产生大量的太空垃圾，届时本国卫星恐怕也将难以幸免，这无异于自杀行为。因此，大国虽然龃龉不断，但彼此之间都有默契，均不以国家行为公然攻击别国卫星。正是大国间的相对克制，太空秩序得到了一定程度的维护。

然而，各国在太空力量上的相互制衡，并没有让太空攻防战降温。个别国家总想打破平衡，夺取制天权，实现称霸全球的战略目标。有报道称，美国正在研发新式的太空武器，传闻中的 X–37B 空天战机将成为美军的撒手锏。X–37B 空天战机的机体较小，长约 8.8 米，宽约 4.6 米，符合太空武器小型化的趋势。该战机的作战性能超强，既能在外太空巡航侦测，又可进入大气层实施攻击行动，几乎秒杀

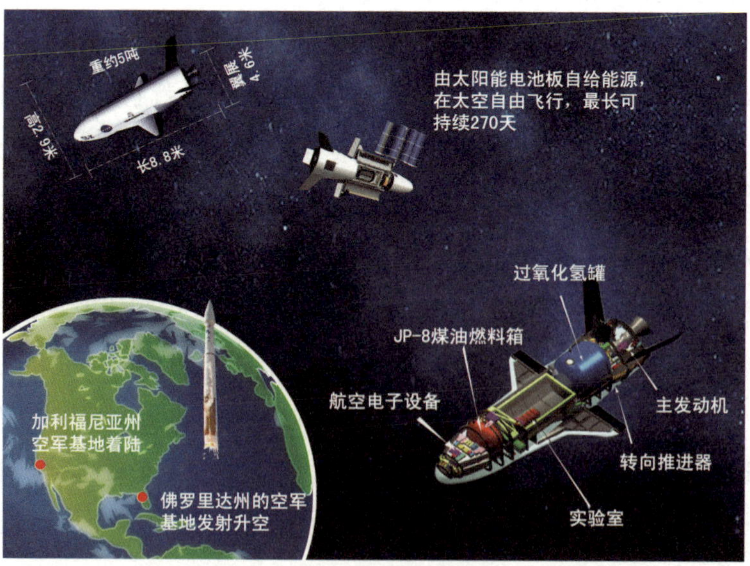

❖ 2010 年，美国 X–37B 太空飞机升空（示意图）。

敌对目标。由于 X-37B 空天战机能超高速飞行，现有的地面防御系统对其束手无策，因而具备极强的战略威慑能力，致使大国太空力量对比有失衡危险。有矛就有盾，有攻就有守。美国不断推出新的太空武器，只能促使太空军备竞赛升级。可以预见，各国在研发太空尖端武器方面不会止步，未来的太空攻防战也会更加惊心动魄。

太空充满火药味

太空战略地位的提升，引发世界军事强国的变革。各国纷纷制定或调整本国的太空战略，增强自身在太空中的存在。总体而言，此轮军事变革的主要趋势是推进空中防御力量整合，组建各式各样的太空部队，名为“天军”的新军种面世。当前，大国海洋、陆地、天空、太空“四位一体”的国防布局日渐成型。

环顾全球，美国是当仁不让的全球第一大太空强国。美国太空战略的核心就是保住自身优势，防止其他国家利用太空对本国安全构成威胁。2016 年初，美国空军航天司令部专门成立太空任务部队。美方一位军官表示，此举旨在应对即将到来的太空冲突。美国素来奉行“先发制人”战略，这在太空领域同样有所体现。据报道，美国国防部已制订“即时全球打击计划”，确保美军能在“一小时内精确打击世界上的任何一处目标”。此外，美军还谋划在未来五年内建成“太空篱笆”。军事专家指出，所谓的“太空篱笆”实际上就是太空防御系统，通过在地面上密布庞大的雷达网，进而向太空发射垂直的扇形波束，形成连续的隐形电子束。在“太空篱笆”的辐射范围内，任何从美国上空飞过的卫星等飞行器都逃不过雷达网的“法眼”，美军借助获取的信息，可以识别判断卫星的意图，及时采取应对举措，赶在敌方偷袭前动手。舆论指出，美军推进太空军事变革，竟称是面临中俄两国的现实威胁加大。事实上，美国在太空投入和太空能力方面都占头筹。所谓的外部威胁，只不过是美国妄图独霸太空的一个幌子。

21 世纪以来，俄罗斯不断推进太空军事力量变革。2011 年，俄罗斯成立空天防御部队。四年之后，俄罗斯又宣布组建航空航天军，该部队聚合了空军、空天防御部队和反导部队的力量，包括导弹攻击预警和宇宙空间监督系统。军事专家认为，这一重大举措旨在建立统一的空天防御系统，协调指挥航空、导弹防御和防空力量，将侦测预警和防御攻击力量整合起来，提升维护俄罗斯国家安全的能力。近年来，俄罗斯同西方国家不时交恶。面对北约东扩的咄咄逼人态势，俄罗斯加大太空投入，朝着可攻可守的方向发展。该国正加紧换装先进的防空和反导防御装备，试图构建多层空天防御体系，大幅提升反导拦截能力。有报道称，俄罗斯计划在 2018 年前建成一个统一的太空系统，配备包括 10 颗卫星和新一代太空飞行器在内的尖端武器，具备抵御导弹袭击，以及击毁敌方卫星的双重战力。

欧洲是太空大国精英俱乐部的重要成员。与美俄两国不同的是，欧洲在太空探索利用方面似乎少了一些杀气。欧洲航天局（ESA）诞生于 1975 年，宗旨是促进欧洲各国在空间研究和应用等方面的合作。在太空探索方面，欧洲航天局取得了耀眼的成果，包括发射地球观测卫星，火星、金星探测器。然而，这些成就都属于无人太空探索，购买的是“单程票”，无法重返地球。目前，欧洲航天员飞往太空，需要搭载美国或俄罗斯的飞船。当前，欧洲正在开展返回技术攻关，提升在太空领域的竞争力。欧洲航天局并非欧盟的机构，成员也非清一色的欧盟国家。随着欧洲一体化进程的加快，二者之间的关系日益密切。欧洲航天局 2016 年的预算显示，欧盟已成为其最大出资方。虽然，欧洲太空开发主要以民事为目的，但服务安全的意图也不言而喻。目前,欧洲正在推进实施“伽利略计划”。该计划是指建设新一代民用全球卫星导航系统，包括两个地面控制中心和 30 颗卫星，预计将于 2020 年组建完成。“伽利略计划”潜在的军事用途显而易见，一旦组建完毕，无疑将有助于提高欧洲防卫能力。

自独立以后，印度一直梦想成为“有声有色的世界大国”。印度十分清楚，发展太空事业，是本国实现大国崛起必不可少的环节。20 世纪 60 年代，印度就迈出了太空探索的步伐，昭示了争当太空大国的雄心壮志。1980 年，印度首次将国产卫星一举送上太空。此后，印度的地球同步卫星、月球探测器等纷纷亮相。据分析，印度的火箭研发技术已居世界领先水平，具有多弹头发射和“一箭多星”的能力。近年来，印度开始向太空急行军。2014 年，印度“曼加里安”号探测器成功抵达火星轨道，标志着该国成为火星探测俱乐部的重要一员。2015 年，印度发射了首枚太空望远镜，该国媒体将其与哈勃望远镜相提并论。当前，印度已经建立了航空航天防御司令部，负责统筹本国的外空开发。该司令部的组建，预示着印度空军力量在朝空天一体化作战的方向发展。此举引起外界广泛解读，印度被认为不会缺席大国太空军备竞赛。

二战结束以后，日本军事力量受到压制。日本不敢明目张胆从事太空军事活动，只能打着民用开发的名义探索太空。然而，军事和民用技术的联通性，使得日本成为太空争夺的隐形力量。有报道称，日本多次采用伪装方式发展太空军事技术，最终躲过了国际社会的监督。实际上，日本的太空军事能力在国际上名列前茅，已经建立卫星侦察、卫星导航和卫星通信在内的完整太空军事体系。日本正不断突破专守防卫政策，在太空政策上进行自我松绑。2008 年，日本通过了《宇宙基本法》，明确规定太空开发与安保挂钩。此后，日本接二连三解除太空开发军事化的束缚。2015 年，日本制定了新版的《宇宙基本计划》，指明太空开发要符合国家安全战略需要。自此，日本从事太空军事应用研发的图谋大白于天下。为了防止引起美国盟友的猜忌，日本在或明或暗单独军事化开发太空的同时，积极寻求双方在同盟框架内的合作。经过内部磋商，美日加大了在太空领域的合作力度，表示要提高两国太空资产的安全系数。美日携手参与太空军备竞赛，加剧了亚太地区的复杂局势。

❖ 2015 年 3 月 26 日，日本用 H2A 火箭成功发射了“光学 5 号”情报收集卫星。据悉，“光学 5 号”能分辨地面上 40 厘米大小的物体。

太空争夺有陷阱

开发利用太空是庞大的工程项目，需要巨额的资金投入。有报告认为，美国每年花费在太空上的费用高达 250 亿美元。国际金融危机爆发后，美国财政吃紧，军费开支呈缩减趋势。即便如此，2015 年美国军方还是要求增加太空投入，建议政府在 2016 年的预算中拿出 50 亿美元，用于建设“太空篱笆”。据估计，欧洲的“伽利略计划”投资总规模至少在 100 亿欧元以上。现在，不少国家的民众对本国耗巨资投入太空开发颇有怨言。印度民众就对政府大举开发太空的行为不以为然，认为本国现在还有不少人饿肚子，一半的人连厕所都用不上，根本没必要“打肿脸充胖子”。

有道是醉翁之意不在酒。大国军备竞赛比的不只是技术的高低，更深层次的是经济实力的较量。两强相争，勇者未必一定胜出，耐力不支者也会出局。1983 年,美国总统里根提出了著名的“星球大战”计划。里根当时在演讲中表示，苏联导弹力量大大超过美国，美国必须建立有效的防御体系，确保摧毁苏联的战略导弹威胁。“星球大战”计划所需经费惊人，曾预计达到上千亿美元，招致众多反对声音,最后只得大幅削减。然而,美国依然极力宣传该计划的庞大规模,刻意制造假象。果不其然，决心与美国一争上下的苏联上钩，同其在太空领域展开激烈争夺。苏联举全国之力应战，结果耗费国库大量资财。数据表明，苏联在太空军事化方面的投入不断攀高，一度占到国防经费的四分之一。花在太空领域的巨额经费，拖累了苏联经济社会的发展，成为后来解体的重要因素。正因如此，美国此举被誉为“战略钓鱼”的佳作。

通过军备拖垮苏联，让美国尝到了甜头。冷战结束后，美国继续独占太空开发的鳌头，同时不忘故技重施，试图拉其他大国落入“太空消耗战”的陷阱。军事专家指出,美国已惯于实施“成本战略”,利用自身的技术优势减少投入，诱导其他国家参与军备竞赛，投资耗费高昂的技术领域，从而在经济上拖垮对方。按理说，太空开发计划应该属于国家秘密，不宜为外人知晓。可是，美国却一反常态，不时透露最新的太空项目。然而，其中有多少是真货，哪些是空壳，恐怕只有美国人心里最清楚。美国打的如意算盘，值得国际社会高度警觉。

军民结合用天空

由于大国争霸，人类探索太空被披上了军事色彩。各国迄今研制的太空飞行器，大多带有军事色彩。资料显示，世界上现已发射6000多颗航天器。其中，大概70%用于军事目的。当然，由于军用和民用技术可以相互转化，航天器的“两用”色彩突出，究竟到底有多少军用航天器，一直没有准确的答案。据统计，美国目前在轨卫星约有400颗，其中约有三分之一属于军事卫星。俄罗斯在轨卫星数量达130颗，约三分之二是军用卫星。实际上，太空开发利用并不仅限于军事目的，还可为经济、社会发展提供巨大助力。空间技术的连带性强，涵盖众多产业领域。航空航天科技的迅猛发展，带动了其他领域的研发工作，诸如气象、通信、微电子等行业的发展都从中受益。在信息化社会，手机应用早已普及，人们之间的通信异常高效便利。手机信号的传递，就是通过天空中的通信卫星在中转。各国发射的导航卫星，持续为地面提供着精确的定位信息，给人们的出行和货物的运输带来极大便利。洪水、森林大火、火山爆发、天气变化等现象，太空中的卫星都能进行监测和预警。总之，人类的生活已无法离开太空。

太空探索需要大量的人力、技术、资金投入，对于任何一个国家而言，都是一项沉重的负担。如果各国开展合作，可以各展所长，优势互补，最终实现成果共享。关于空间领域的互利合作，已经得到越来越多国家的认可和支持。大国太空争夺虽愈演愈烈，但也没有完全终止空间领域的合作。其中，国际空间站可算是一个成功范例。该空间站的运行轨道距离地面约400公里，美国、俄罗斯、日本、巴西和欧洲航天局等16个国家或组织为参与方，是目前世界上最大的在轨航天器。20世纪80年代，美国最早提出了国际空间站计划，是“星球大战”计划的重要组成部分。冷战结束后，美国和俄罗斯的航天部门开始接触，就合作建设空间站达成共识。国际空间站的正式建设起步于1998年，现已开展太空利用方面的多项实验，为人类探索太空积累了宝贵的知识。

按照现行国际法，太空不属于任何一个国家的领土主权范围。

作为全球公域，太空不是某个国家的“自留地”。各国应当携手合作，和平利用太空，为人类福祉服务。为了确保和平利用太空，国际社会一直在努力维护太空秩序。到目前为止，已经达成了诸如《外空条约》《月球协定》《反弹道导弹条约》等国际条约或协定。最近，国际上关于空间立法的声音日渐强烈。围绕太空立法，各国都在表达自身的声音，试图掌握规则的制定权，导致相关的法案迟迟无法制定完成。各方应当本着合作的态度，早日制定一部完善的有关太空开发利用的国际准则，推动太空领域的国际合作朝着规范化方向发展。

量力而行探星辰

作为一个文明古国，中国一直努力探索浩瀚的太空。在人类太空开发史上，中国人留下了大量印记。随着太空战略价值的凸显，中国对太空的认识也在不断深化。2015 年发布的国防白皮书《中国的军事战略》明确指出，太空与海洋、网络和核是中国的四个重大安全领域。

经过几代科研工作者的辛勤努力，中国在和平利用太空方面取得举世瞩目的成就。1970 年，中国自主研发的第一颗人造卫星成功升空，标志着中华民族太空探索的重大突破。21 世纪以来，中国太空技术突飞猛进，空间能力与日俱增。目前，中国已经独立掌握了航天员天地往返、出舱活动以及交会对接等载人航天三大基本技术。2010 年，中国正式启动空间站建设，将其命名为“天宫”。作为国家太空实验室，“天宫”有望于 2020 年前后运作，可为太空研究和应用提供稳定的空间平台，包括生命科学、材料科学、航天医学、天文学等领域的研究。届时，中国的航天员会在太空中安家，过上长期在轨的科研生活。据介绍，“天宫”总共重约 60 吨，设计使用寿命为 10 年，由一个名为“天和”的核心舱以及两个分别名为“问天”和“巡天”的实验舱组成，可供多名宇航员从事科研工作。目前，中国还配套研制了“天舟”货运飞船，消除了空间站建成后的保障供给之忧。按照计划，天宫二号空间实验室将于 2016 年发射升空。之后，神舟十一号载人飞船将会择机发射，执行将航天员送到天宫二号的任务，实际验证航天员在轨生活和科研能力。2003 年，中国就已将首个载人航天器神舟五号飞船送入太空，实现航天员顺利返航。神舟十一号的发射，将第一次通过对接的方式，完成向空间实验室运送航天员的壮举，更加引人注目。

每当中国在太空探索方面取得进展，西方国家就会大做文章，趁机渲染“中国威胁论”。一些外国媒体竟倒打一耙，指责中国谋求“太空霸权”。实际上，中国一贯主张和平利用太空，反对外空武器化和外空军备竞赛，无意与任何国家开展太空军备竞赛。中国研制和发射的卫星中，遥感卫星和通信卫星占到 70% 以上，与某些国家形成鲜明对比。一直以来，中国是太空国际合作的倡导者和实践者。中国愿意与世界其他国家共同开发利用太空，开展载人航天领域合作，共享太空技术发展带给人类的福祉。可以说，中国同各国合作的大门一直敞开。然而，中国递出的合作橄榄枝却遭遇了美国的阻拦。美国一方面对中国开展太空活动说三道四，另一方面又对中国的合作邀请说“不”。2011 年，美国国会曾通过一项法案，限制美国国家航空航天局（NASA）与中国签署有关太空领域合作的双边协议。按照该法案，任何装有美国零件的卫星，不能出口至中国，并禁止由中国的火箭发射。近年来，中国太空领域国际合作面临的掣肘因素增多，症结正在于此。

青山遮不住，毕竟东流去。美国国内有识之士认为，拒绝同中国开展合作，其实是不明智之举，既无法阻挡中国探索太空，又有损本国的国际形象。长期以来，美国一直试图将中国挡在国际空间站门外。最近，出于种种考虑，美国不得不松口同意中国在国际空间站上开展科学实验。美国的一些人士无端阻挠中美太空合作，已被证明是与时代潮流背道而驰。近年来，亚洲、非洲、欧洲等地区的航天部门多次表达了同中国合作的诉求。2015 年 11 月，中国成功发射了“老挝一号”通信卫星。这是中国向东南亚国家出口的首颗卫星，将为老挝提供卫星电视直播、无线宽带接入、国际通信等服务，帮助提升当地的信息化建设水平。未来，中国在太空领域的国际合作空间会越来越广阔。中国愿与各方一道，共同构建安全、合作、共享的太空秩序，让太空为全人类的福祉服务。

15

牛熊转换市难料

——怎么看世界大宗商品市场价格涨跌

2015 年世界经济中最受关注的，莫过于国际大宗商品的价格暴跌。产能过剩、美元升值、预期变化以及地缘政治博弈等因素也成为市场震荡背后的“推手”。如何保持成本与收益之间相对的平衡，对大多数国家而言都是一个难题。

价格调整惊心动魄

什么是大宗商品？通俗地讲，就是大批量买卖的物质商品，包括能源、基础原材料和大宗农产品。常见的大宗商品有原油、铁矿石、煤炭、有色金属、农副产品等。由于大宗商品多是关系国计民生的商品，其重要性不言而喻。有人认为，世界上能与大宗商品的重要性相提并论的经济因素寥寥无几，倒是不无道理。多数大宗商品的交易以美元计价，价格自然会随美元的涨跌而发生相应的波动。

近年来，国际能源和其他大宗商品价格变化可谓“惊心动魄”。进入 21 世纪后，世界经济尤其是新兴经济体的崛起，带动大宗商品市场进入“超级牛市”。能源和其他大宗商品价格的上升趋势被 2008 年国际金融危机扭转。受市场恐慌和避险心理的影响，危机期间的大宗商品价格经历了暴跌暴涨的大幅波动。2011 年下半年以来，大宗商品价格呈现趋势性震荡下跌走势，2014 年下半年出现了快速下跌。

2015 年的大宗商品市场更是不堪回首。全球经济增长预期下调，大宗商品供过于求，美元持续走强，地缘政治不确性上升，大宗商品价格“惨不忍睹”。彭博大宗商品指数 2015 年全年下跌 24.7%，创下 2008 年全球金融危机以来最大年度跌幅。国际原油和天然气价格自 2014 年中以来重挫三分之二，超过了 1997—1998 年亚洲金融危机导致的跌幅。铁矿石价格在 2015 年暴跌了 40%。煤价跌近三分之一，煤价已是连续第五年下滑。2015 年纽约市场原油期货价格下跌 30%，平均价格创出 2004 年以来最低。2016 年 1 月，国际基准布伦特（Brent）原油价格跌至每桶 27 美元，远低于 2010—2014 年间每桶 100 美元的平均价格。

价格暴跌已经沉重打击了必和必拓、力拓、英美资源集团等诸多矿业巨头，大宗商品贸易公司也惨遭重创，如来宝集团和嘉能可公司被迫通过大幅裁员和出售资产来应对窘境。包括船运、钻探在内的整个能源供应链遭遇寒冬。油价暴跌更是波及俄罗斯、委内瑞

❖ 2016 年 2 月 23 日，澳大利亚墨尔本，全球最大的采矿业公司必和必拓发布财报。公司宣布 2016 年第一季度上半段就亏损 56.7 亿美元。

拉直至整个中东地区等主要原油出口国。

进入 2016 年 2 月以来，情况貌似有些好转。有色、能化等大宗商品创新低后价格呈现普涨走势，而作为化工产品上游的国际原油价格，近期同样涨幅明显。然而，多数国际机构认为，大宗商品市场尚未回暖，近期的价格反弹不大可能持续，而更可能是对此前价格超跌的回调。

国际能源署 (IEA) 预测，2016 年全球石油需求增幅将从 2015 年的每天 170 万桶减少到 120 万桶，但 2016 年石油库存还会再增加 2.85 亿桶。石油市场“可能会被供给过剩淹没”。伊朗石油产量的增加将抵消其他国家减产的影响，导致油价进一步下挫。国际投行高盛的研究报告认为，延续 20 个月之久的大宗商品价格暴跌还将持续，较低的价格需要保持更长时间，才能让仍受到大量供应重压的市场再平衡。

市场动荡有“推手”

从全球增长预期以及反映大宗商品未来价格的期货市场看，大宗商品市场的跌势短期内难有回升迹象，甚至可能由上涨的“超级牛市”转入疲软的“超级熊市”。与危机过后价格下跌的情况不同，这次大宗商品价格暴跌并不能完全由需求萎缩来解释，产能过剩、美元升值、预期变化以及地缘政治博弈等因素也成为市场震荡背后的“推手”。

实体经济的基本面无疑是决定大宗商品市场冷暖的基础。2015 年，全球经济依然疲弱，全年增长 3.1%，比去年低 0.3 个百分点，其中新兴市场和发展中国家增长 4%，比去年低 0.6 个百分点。国际货币基金组织也下调了 2016 年和 2017 年的全球增长预期。新兴市场和发展中国家的增长虽然仍占全球增长的 70% 以上，但已经连续第五年下滑，中国的经济增长逐渐放缓并在进行从投资和制造业转向消费和服务业的结构调整。

美国在经济复苏的背景下逐步收紧货币政策，欧元区、日本等其他主要发达经济体由于增长前景仍不稳固，中央银行继续放松货币政策。大宗商品市场稳定回升既有赖于以美国为首的发达经济体持续向好，也需要中国经济保持稳定，印度、巴西、俄罗斯等其他新兴大国发力增长。全球制造业仍有起伏，需求增长的基础不够牢固，市场实质性恢复尚需时日。

市场需求疲软并非此次大宗商品价格暴跌的唯一原因。即使按照最乐观的全球经济预测，消费能力的提升也不大可能消化所有过剩供给。供给方面的因素可能带来的影响更大。页岩油气开采技术进步极大地提高了油气的供给能力。大宗商品“牛市”的十年间，能源资源行业大肆扩张生产能力，大规模资本支出形成的产能陆续释放，造成了市场明显的供过于求。而原油、铁矿石等主要大宗商品价格狂跌造成的恐慌，加速了大宗商品整体的向下走势。在大宗商品市场随处可见的情形并不是随着需求减弱相应地削减产量，而是生产商在削减成本的同时增加产量，希望通过成本优势保持或扩大市场份额。结果可想而知，企业相互竞争、排挤，导致供过于求的矛盾更为严重，从而压缩了每个企业的利润空间。

石油生产国之间的博弈也起到了推波助澜的作用。1986 年和 1998 年的油价大跌最终由于石油出口国之间联合控制产量而宣告结束。但这次地缘政治更为复杂，不利于问题的快速有效解决。2015 年全年美国原油供应量增加 1.02 亿桶，根据官方数据，是至少 1920 年以来最大增幅。

2016 年 1 月，由于伊朗遵守核协议，经济制裁提前结束，伊朗石油得以重新进入世界市场。核协议不仅为伊朗提供了此前因制裁而冻结在国际银行中的大量资金，还加强了伊朗的政治地位。沙特和其他海湾国家认为，伊朗正寻求成为中东地区占据支配地位的强国。2 月 18 日，美国国会两院投票通过了解除原油出口禁令的法案。这可以看作是对石油输出国组织 2014 年底决定不减产以及 2015 年

❖ 2016 年 4 月 17 日，超过 15 个欧佩克和非欧佩克产油国在 15 年后齐聚多哈，讨论将原油产量冻结在一月份水平。

底决定增产的反制措施。从中长期来看，解除禁令为采油企业扩大生产、争夺海外市场开了绿灯，由此可能衍生导致国际经济政治关系发生调整。

每次大宗商品的涨跌都少不了计价货币的影子。美元是全球主要储备货币，也是大宗商品期货市场的主要计价货币。美元强则大宗商品弱，美元弱则大宗商品强。上一轮大宗商品牛市中，除了世界经济繁荣特别是以中国为首的新兴经济体的崛起，美元汇率走低也是重要推动力。基于经济复苏和金融市场资产价格上涨，2014 年 6 月起，美元升息预期导致美元指数大幅上涨。2015 年 12 月 17 日，美联储公开市场委员会宣布加息 25 个基点。由于大宗商品主要以美元计价，美元升值加剧了价格跌势，美国纽约原油期货价格暴跌 4.9% 至 35.52 美元，创 2009 年 2 月以来新低。伦敦布伦特原油期货价格则大跌 3.3% 至 37.19 美元，创 2008 年 12 月以来新低。

大宗商品市场价格波动幅度大，历来是投机资本经常光顾的地方。由于新兴市场增速放缓，市场风险偏好发生变化，投资者开始重新对大宗商品价值进行评估，资本也开始逃离大宗商品。美国经济向好、美元走强，加之欧美对商品市场监管加强，使得金融资本对大宗商品的投资热度降低，摩根大通、高盛、摩根士丹利、巴克莱银行等多个国际知名投资机构宣布缩减甚至退出大宗商品领域的业务。金融资本的大幅撤离，表现在商品市场上则是价格超跌。

国际影响不对称

大宗商品市场震荡对各国经济产生的影响是不对称的，大宗商品的消费国享受到低成本的同时，也面临低通胀的压力，而大宗商品生产国虽遭遇收入锐减，但价格下跌也成为其产业多元化的推动力。如何保持相对的平衡，对大多数国家而言都是一个难题。

页岩油气大规模开发的前几十年，美国是原油等能源市场的主要消费国。因此美国经济与油价有这样的简单规律：油价上升时经济受损，油价下降有助于经济增长。但这两年来随着页岩技术革命带来国际能源市场供求结构的变化，油价下跌未能给美国经济传递出利好消息。与以往不同，低油价的破坏性比预想的更大。目前已有 60% 以上的页岩油生产企业关闭、停产或缩小规模。采矿设施和相关设备的投资也随之减少。美联储的官员表示，低油价可能进一步拉低美国通胀预期，引发长期经济问题。

油价暴跌导致加拿大经济在 2015 年陷入衰退。作为一个消费和进口大户，欧元区则喜忧参半。低油价促进私人消费，在一定程度上抵消净出口减弱的不利影响。而另一方面低油价拉低物价水平，提高实际利率水平，反而会抑制投资活动和长期消费行为。欧洲央行行长德拉基坦言，欧洲的经济阻力由于油价大跌迅速加大，欧洲央行需准备好任何可能的政策工具，应对通胀率降至负值以及增长放慢的情况。日本央行也可能会采取更加宽松的货币政策实现通胀目标。

如果大宗商品开始长线走弱，新兴市场经济及货币将出现较大分化。大宗商品生产国之间，生产国与进口国之间也将发生财富的相对转移，从而影响各国的贸易条件。根据高盛的估算，贸易条件受负面影响最大的将是智利比索、巴西雷亚尔，而韩元和人民币将受到正面影响。根据瑞信的最新报告，韩国因长期大量进口原材料而成为最大受惠国之一，而委内瑞拉和俄罗斯等依赖石油出口的经济体受创伤最严重。

拉美国家对国际资本和大宗商品的依赖性大。外界预期，随着主要经济体对初级产品需求减少，拉美国家的经济将出现下滑，投资者信心下降，资本流入减少。然而，墨西哥、秘鲁和智利等国所受影响并没预期那么大，一定程度上是由于大宗商品价格下跌造成的损失也被进口价格下降所抵消。油价暴跌给依赖油气出口的俄罗斯带来了沉重打击。财政收入剧减使得俄罗斯政府被迫修改预算，大规模削减军费和社会服务之外的所有开支。为应对危机，目前俄罗斯政府正在努力，扶持重点项目，改善创业环境吸引投资，实现产业多元化。

中国因素被夸大

本世纪的第一个十年间，中国经济年均保持 10% 左右的增速。基础设施、房地产投资以及销往全球的出口产品需求，意味着中国需要进口越来越多的原材料。面对席卷全球的金融经济危机，中国政府推出了大规模刺激计划，四万亿的投资进一步延长了中国对能源和其他大宗产品的需求，宽松信贷条件鼓励使用金属作为贷款抵押品。这十年间，中国从“小国”成长为大宗商品市场的“大国”。中国金属消费量占世界总量的比例从 2000 年的 12%，提高到了现在的接近 50%。中国对铁矿石等大宗商品的总需求从 1998 年到 2008 年增加了 4 倍以上，钢消耗量也超过了美国、俄罗斯、印度、日本和韩国五国的总和。过去十年石油需求增长，中国也是重要推动者。

2012 年后，中国经济开始减速，进入新常态，更注重结构调整而不是大规模刺激。经济增长模式的转换也推动着大宗商品需求模式的转换。来自中国的大宗商品需求随之放缓。那么，哪些大宗商品已受到了中国发展模式转变的影响？钢、铁矿石和煤炭等通常被认为是“周期早期”商品，随着中国国内房地产市场放缓，这些与建筑和基础设施相关的原材料需求将下降。铜等金属已受到中国经济数据冲击，价格处于五年来最低水平。2015 年中国钢消耗量经历了 30 年来首次下降。牛津能源研究所的研究数据显示，中国能源利用效率不断提高，放慢了对石油需求的增长。2003 年至 2012 年，中国占到全球石油需求增量的三分之二，但 2014 年为 20 年来中国石油需求增长最慢的一年，而且这只是个开始。

市场上有观点认为，中国经济增长放缓对大宗商品市场，特别是原油、铁矿石等大宗商品价格造成了负面影响，中国需求的缩减是大量大宗商品供给过剩、被迫降价承压的主要原因。其实不然，2011 年以来尽管大宗商品价格下跌，但中国在全球的进口份额变化并不大。这说明全球总需求在下降，中国经济放缓对大宗商品市场造成的外溢效应被夸大了。中国市场仅仅是国际大宗商品市场的一个组成部分，美国、欧洲、日本等发达国家，东南亚、拉丁美洲等新兴市场，以及中东地区对大宗商品供求两方面的影响也不容小觑。比如，2016 年初原油价格连续跌破 40 美元和 30 美元的关口，很大程度上缘于美国进口原油的减少和伊朗原油“解禁”，而同期中国原

❖ 经历了长达 5 年的漫漫熊途，进入 2016 年，大宗商品市场显示出“否极泰来”的迹象，近期包括螺纹钢、铁矿石及煤炭等“黑色系”大宗商品价格大幅上涨。

油进口一直保持增长态势。由于中国经济增速放缓以及正在推进的结构性改革，对部分大宗商品的需求总量有所减少。然而中国经济结构调整还不足以影响到整个大宗商品市场的价格发生趋势性变化。

而且，中国经济放缓并不意味着对所有大宗商品的需求都会下滑。随着中等收入阶层的壮大和消费能力的提高，中国消费者对品质的追求将不断提升。国际货币基金组织表示，中国收入增加和购买力正在提高，大宗商品消费量并未见顶。相反，消费将逐渐转向高品质食品和金属。联合国粮农组织认为，牛肉有望成为中国增长最快的食品进口类别。随着中国国内产量增长放缓，奶制品进口也有望大幅增加。黄金交易也将受益于可支配收入的上升和上海黄金交易所等市场基础设施的增加。

影响中国的利与弊

中国作为国际市场上重要的大宗商品的生产国、消费国和贸易国，既会从大宗商品下跌中受益，也将会承受价格通缩及能源市场化改革受阻的风险。价格下跌的好处体现在成本下降，贸易条件改善，消费和贸易盈余增加，应对经济下行的政策空间扩大等方面。价格下降带来的好处，正在经济中显现。取暖、汽油价格下降使得家庭可以用省下来的钱去购买更多物品。如果不是工厂原材料价格下降节约了成本，制造企业的利润增长可能比预期还差。

2015 年，中国原油、塑料、大豆、天然气、纸浆、谷物、铜精矿等 10 类大宗商品进口“量增价跌”，合计减少付汇 1880 亿美元，大幅降低了国内企业生产成本，提高了企业效益，改善了贸易条件。进口支出的减少助推中国 2015 年贸易盈余增至 5945 亿美元，同时也有助于削弱因人民币汇率波动引起的资本流出。除了减轻通胀压力外，大宗商品暴跌还给宏观政策决策提供了更多政策空间，如可放宽货币政策以支撑经济增长。

高盛集团前亚洲地区副董事长库提斯还专门为中国算了一笔账。

根据他的计算，大宗商品价格暴跌让中国一年省下了 4600 亿美元，其中 3200 亿美元来自廉价石油，其余 1400 亿美元源自其他能源、金属、煤炭和农产品等大宗商品价格的暴跌。中国可以节约石油、煤炭和天然气开支，以低价增加战略能源储备。据此，他认为中国成为近期全球市场震荡中的“大赢家”。

然而，大宗商品价格下跌有利也有弊。大宗商品价格暴跌加剧物价下行风险。据测算，如果国际油价下跌 10 个百分点，中国 CPI 和 PPI 将分别被拉低 0.1 个百分点和 0.5 个百分点。如果国际大宗商品价格进一步下跌，将会加剧中国物价下行压力和输入性通缩风险。另外，油价下跌有利于中国经济增长和就业，廉价石油也给了中国时间来进行更多经济改革，但可能会影响到对非化石能源的投资。化石能源价格大幅下跌会使全社会对太阳能、风能、生物质能等可再生能源的投资开发以及需求显著降低，延迟清洁能源取代石油、煤炭等化石能源的进程，给鼓励资源节约以及可再生能源发展的补贴政策带来更大的挑战，对节能减排的效果产生不利影响，也不利于中国能源结构的调整。

总体而言，大宗商品价格下跌对中国的影响利大于弊。中国应逢低增加能源和其他大宗商品的储备，鼓励企业兼并收购掌握新能源、新技术的企业，加快推进行业去产能化和债务去杠杆化，支持延伸产业链和技术升级改造。坚定推进国内能源市场化改革，尽快建立由市场决定的价格体系，实现国内价格与国际市场价格接轨。加强与其他国家在能源资源领域开展合作的能力，构建多元、可持续的资源供应体系。支持国内企业尤其是民营企业参与能源开发，特别是加强与“一带一路”沿线国家开展能源合作。

16

各方都想分杯羹

——怎么看日益升温的北极问题

2016年3月，俄罗斯在北极地区进行近25年来最大规模的核潜艇导弹试射。美国、挪威、英国等国军队3月5日起在北极地区进行为期5周的海上军演。美军和北约部队在位于挪威的北极圈内地区刚刚结束一场名为“寒冷反应”的军演，演习投入的兵力多达1.5万。各国“你方唱罢我登场”，北极地区的博弈究竟何去何从？

南北相望命不同

北极地区指的是以北极点为中心、北极圈以内的地区，包括北冰洋及附属岛屿/北美大陆和欧亚大陆的北部边缘地带，北极苔原带和泰加林带，地域广阔，总面积达2100万平方公里，其中陆地面积近800万平方公里。现如今全球化和城镇化发展如火如荼，发展空间早已成为重要的战略资源，连月球领土都会引起争夺，作为地球上最后两块尚未开发的处女地，北极和南极自然成了大家都想咬一口的“香饽饽”。

与北极相比，同样蕴藏丰富资源的南极面临的各国博弈则少得多。南极的主体是一块1400万平方公里的冰雪大陆，而北极的主体却是一片由主权国家领土环绕的海洋。因此，南极的政治环境和地缘关系比北极相对简单，国际社会更容易拿出一个综合性的条约来解决南极各方面的法律问题。1959 年达成的《南极条约》规定，南极洲仅用于和平目的；促进在南极洲地区进行科学考察的自由，促进科学考察中的国际合作；禁止在南极地区进行一切具有军事性质的活动及核爆炸和处理放射物；冻结目前领土所有权的主张；促进国际在科学方面的合作。但是在北极地区，周边各国首先要“各扫门前雪”，维护好本国利益，其次才会考虑是否需要达成一个国际条约，以及符合本国利益的条约内容。事实上，环北极的主要国家已达成协议，决定不通过任何类似《南极条约》的新文件，因此用“南极模式”一劳永逸地解决北极问题并不太现实。

此外，北极地区还存在着公海海域，问题的复杂程度大大增加。根据《联合国海洋法公约》，这部分的资源属于全人类共有。因此，不少看似与北极“八竿子打不着”的国家也加入了争夺的行列。2008 年 11 月，欧盟发表声明称：“欧盟各国应当尽快制订一致的北极能源利用方案，以确保欧盟在利用北极能源和海洋资源中占据有利位置，帮助全世界尽量减少人类活动对北极的破坏。”2009 年 2 月，丹麦、挪威、冰岛、瑞典、芬兰五国召开北冰洋军事安全合作机制会议，表示未来将联合控制北极水域，保证石油和天然气运输通道的畅通。这标志着北约、欧盟部分成员国以集体方式加入了争夺北极的行列。2013 年 5 月，中国成为北极理事会的永久观察员国，中国在世界上的经济政治地位决定了其势将成为构建北极秩序的重要力量。有分析人士称，中国与北极地区国家合作将有利于平衡域内国家对这一地区的争夺。但与此同时，美、俄等“资深”争夺者也对中国在北极航道、资源开发等方面采取的动作加强了关注和警惕。更有人指出，各国在北极地区的争夺尤以美、俄为甚，将两国在该地区的争夺冠以“新的冷战”之名，火药味十足。

北极争端有来头

目前，北冰洋大多数岛屿的主权地位已经明晰，但个别岛屿的主权至今存在很大争议。16—18 世纪人类开始探索北极，英国、荷兰、丹麦、俄国、挪威和瑞典的探险家拉开了人类向北极进发的序幕。其中，以俄国海军军官维图斯·白令为队长的探险队发现并考察了北纬 67°18′ 的海区，发现了一个未知海峡，也就是后来以他的名字命名的白令海峡。挪威探险家南森最远到达了北纬 86°14′ 的冰原地带。这一时期依据的是发现理论，即“先到先得”，谁先发现了岛屿，谁就可以宣称这个岛屿属于自己的国家。此后遵循的是“有效占领”原则，“有效”指的是行政管理。1931 年，国际法院根据丹麦对东格陵兰岛实施了行政管理的事实，判定东格陵兰岛的主权归丹麦所有。从此这个原则成为确立北冰洋岛屿主权的重要准则。20 世纪初，加拿大提出使用“扇形原则”确定岛屿主权，得到了苏联、挪威和美国等国的支持，三国宣称分别拥有东经 35°—西经 170°，东经 5°—35°，西经 170°—141° 的北极地区。1920 年，英国、美国、

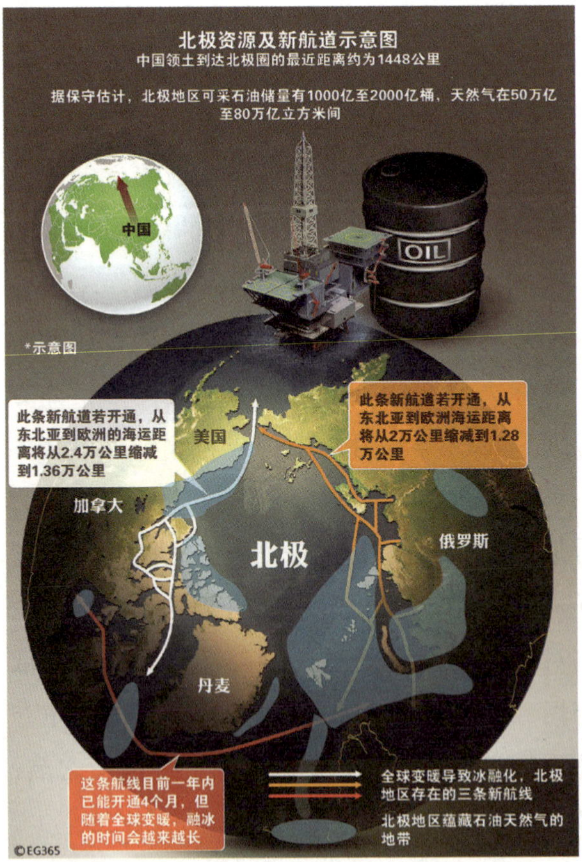

❖ 北极资源及新航道示意图。

丹麦、挪威、瑞典、法国、意大利、荷兰及日本等18个国家，在巴黎签订了《斯瓦尔巴德条约》，确立了挪威对斯瓦尔巴德群岛的主权，开启了依照条约赋予主权的新时期。

扇形原则（Sector Principle）

是对两极地区提出领土要求的依据，含义是该国的领土范围可以达到以东西两端界线为腰，以极点为圆心，以该毗邻国的东西海岸线为底而构成的扇形空间。

全球变暖成全北极，跻身世界重要航道。随着全球变暖，海平面加速上升，北冰洋地区在不久的将来一年里有五个月可以满足通航的条件。著名的“西北通道”——贯穿加拿大北极群岛，连接大西洋和太平洋的海上通道——将实现每年五个月的通航，届时无疑将成为国际海运中极具吸引力和竞争力的路线，使沿线的北美洲、欧洲和亚洲国家之间的海路联通更快捷便利。加上上述区域各国之间日益活跃的经贸往来，海运需求持续旺盛，未来形成的北冰洋航线的重要意义不容小觑。例如，从华盛顿到莫斯科的北冰洋航线比经过欧洲的航线短1000多公里；伦敦到东京的海运航线目前必须从巴拿马运河绕行，但从加拿大穿行的北冰洋海运路线将把全程从2.8万公里缩短近一半。

北极地域广阔，蕴藏着大量的能源和矿产资源。研究显示，全球未开发的天然气和石油中分别有30%和13%分布在北极。保守估计，该地区潜在的可采石油储量高达1000亿—2000亿桶，天然气在50万亿—80万亿立方米。北极地区煤炭资源同样丰富，约占世界煤炭资源总量的9%，金、金刚石等矿产资源储量同样诱人。这里有世界上最大的铜—镍—钚复合矿基地之一——俄罗斯诺里尔斯克矿产基地，世界最大的锌矿——阿拉斯加红狗矿，以及丰富的铀、钚等战略性矿产资源。尽管气候变化在北极引发了一系列生态反应，北极熊等物种的生存面临严峻威胁，但对人类而言，全球变暖更意味着巨大资源宝库大门的开启，引发了北极“淘金热”。有关数据显示，北极海冰的总量已下降至有记录以来的最低水平，这证实了该地区的急剧变暖，海平面的上升大大便利了矿产资源的开采。美国、加拿大、丹麦、挪威和俄罗斯这些环北极国家都已经颁发了大量石油和天然气资源的勘探执照，试图抓住掘金的“黄金时代”。

北极地区也是军事要地，烽火从未真正熄灭。早在第二次世界大战期间，北极航线即显示出突出的战略意义。共有 78 批次 1571 艘次英美等国舰船穿越白令海峡，利用北极航线为苏联运送粮食、药品、弹药等战略物资，为苏联取得反法西斯战争的胜利作出了杰出贡献。随后的冷战时期，北极又迅速成为美苏两个超级大国及两大阵营部署重兵、防御对峙的冷战场。美国在西起阿拉斯加的巴罗角、东到加拿大的巴芬岛的近 5000 公里战线上修建了电子警报和控制系统，并在格陵兰岛部署了弹道导弹预警系统；利用阿拉斯加“近水楼台”的地理位置，冒着冰山漂移、碰撞的危险在北冰洋冰面上修建监听站，结合使用声呐设备同时监听苏联上空飞机活动和地面信号。同时，苏联也修建了“北极”系列冰山站，1959 年甚至在一座

❖ 2006年3月，美国在北极地区举行军事演习，图为正浮出冰面的核潜艇。

50公里长的冰山上修建了“北极8号”间谍站，一直使用到1962年冰山破裂。美俄在北极地区的导弹核潜艇角逐更是一直从冷战持续到了现在。冷战期间，美苏两国的核潜艇长期游弋在北冰洋海底，在厚厚的冰层形成的天然“掩体”下相互追逐、跟踪甚至相撞。冷战结束后，美俄在冰面下的核潜艇较量仍在持续，有专家分析称，“在北冰洋海面下，冷战仍在继续”。

“北极熊”当仁不让

从历史上看，俄罗斯对北极地区的探索行动持续了近千年，最早可追溯到1032年。彼得大帝登基之前，俄罗斯对北极的勘探主要是民间自发行为，成果也比较零散。彼得大帝曾于1719年和1724年组织两次大规模科考，试图探明欧亚大陆最东北角和美洲大陆西北角之间是否存在陆上通道，大大向北拓展了俄罗斯实际控制的疆域。1732年，女沙皇安娜组织第三次北极大科考，俄罗斯科学院全力协助，收获颇丰，俄罗斯勾画出本国北冰洋沿岸大部分领土的地图，至此，俄罗斯地图上北极领土的空白处终于填上了确切信息。从那之后，俄罗斯在北极的开拓步伐放慢。直到1920年3月，苏俄成立“北方研究及贸易考察队”，后改组为“全联盟北极研究院”，开始向北极派出科考队。1926年4月15日，苏联宣称东经32°04′35″到西经168°49′30″之间的所有北极陆地都属于苏联领土，在北极掀起新一轮拓展领土浪潮。第二次世界大战爆发后，苏联对北极科考意兴阑珊，苏联解体后，俄罗斯更是有心无力。

2008年俄罗斯政府第一次发布北极地区综合战略《2020年前后俄罗斯联邦北极地区国家政策基础》，宣布俄罗斯的北极政策旨在将北极区作为战略性的资源基地，并使北方航线发挥国家综合交通通信系统的功能。2013年通过《2020年前俄罗斯联邦北极地区发展和国家安全保障战略》，详细制订了俄罗斯在北极地区社会发展、军事安全、生态安全、信息技术和通信、科学技术以及国际合作等领域的目标和任务。主要包括加紧地质勘探和水文测绘，2011 年前完成对北极地区的勘探工作，找到证明北冰洋海底部分区域是俄罗斯大陆架的延伸的证据，取得在北极地区划界的主动权；组建北极部队，由联邦安全局负责保护俄罗斯北极地区的领土领海、人口、重要设施的安全，建立港口、导航台等基础设施和检测体系，管理和疏导船只航行，制定新的北极航行规则；加强科研活动，在不破坏北极生态环境的前提下开采海洋矿产资源和开发利用生物资源；以相关国际法和双边协议为基础，与其他北极国家合作，改善与北极国家间的睦邻友好关系，共同合理开发北极资源，保护北极生态。

纵观近年来俄罗斯北极战略的实施，令人深感“理想很丰满，现实很骨感”。随着石油和天然气价格的居高不下以及西西伯利亚传统产区的资源量日渐枯竭，北极地区的石油和天然气资源成为俄罗斯能源安全政策的主要“锦囊”，2008 年时任总统的梅德韦杰夫就指出要使北极成为“俄罗斯在 21 世纪的资源基地”。但事实上，开发北极地区的石油、天然气等自然资源面临着“内外交困”的局面。从国内产业状况看，俄罗斯国内的石油和天然气产业政策规定，国有股份超过 50% 且具有五年以上海洋勘探经验的公司才有资格从事勘探大陆架资源的商业活动，但满足条件的国企却往往面临严重的财务问题，缺乏技术，经验不足。“工欲善其事，必先利其器。”要开发北极能源，当前的首要任务是吸引国外投资者和合作企业，借鉴它们的先进技术和丰富经验。从国际环境看，2014 年俄罗斯在乌克兰的行动迫使许多北极国家重新评估与俄罗斯的合作，包括在北极地区的合作。随之而来的美欧等西方制裁更是雪上加霜，欧盟和美国的制裁明确禁止向俄罗斯出口开采北极的深海和页岩所需的高科技石油装备，且被禁止进入美国债券市场的俄罗斯银行和公司中，俄罗斯石油公司和诺瓦泰克公司赫然在列，意味着北极开发的国际合作，尤其是融资等“命脉”渠道受阻，俄罗斯北极战略的实施驶入“暗礁区”。

受多轮西方制裁的影响，俄罗斯财政资金出现吃紧，例如，俄罗斯政府计划将重要的北极港口——摩尔曼斯克交通枢纽项目的资金预算削减75%。面对复杂的国际形势，俄罗斯将被迫向其他国家寻求政治支持，实现北极项目的融资来源多元化。随着与美欧等西方国家关系恶化，仅仅寄希望于北极国家和西方公司为北极项目推进“出钱出力”已经不再可靠，新的政治现实可能促使俄罗斯扩大搜索新的合作伙伴的范围，在包括中国在内的亚洲国家等非北极国家中，确定和发展北极开发项目的合作搭档。

对北极问题，俄罗斯的表态向来强硬。普京不止一次直言：“北极的归属，包括各种争议的解决不是靠法律条文而是靠军事实力。”因此，扩大俄罗斯在北极地区的军事存在是俄罗斯强军计划最优先考虑的问题之一。俄罗斯马不停蹄地加快在北极地区的军事设施建设，用武力配合北极领土的法律要求，发挥北极对加速俄罗斯军事现代化、提高安全能力的刺激和平台作用。目前俄罗斯在北极地区共建有21个北极站，且计划投入大约20亿卢布（1美元约合69卢布）用于北极站的修复和建设。2014年12月俄罗斯组建北极战略司令部，管辖在北极地区部署的所有部队。2015年12月，俄罗斯国防部在圣彼得堡举办了“北极的现在与未来”专题国际论坛，讨论俄罗斯北极地区的社会经济发展、运输潜力、技术保

❖ 2016年2月1日，俄罗斯摩尔曼斯克，北方舰队的北极机械化步兵旅举行军事演习。

障、生态安全和卫生保障等一系列问题。2016 年 3 月俄新网报道，为了“继续向美国表明保护自己在北极国家利益的决心”，俄罗斯正计划在北极地区进行 25 年来最大规模的核导弹发射试验，俄罗斯核潜艇准备同时发射 16 枚远程核导弹，检验俄罗斯潜艇的战斗力。西方媒体纷纷指责普京搞“核战争排练”。德国《图片报》甚至将普京此举和朝鲜领导人金正恩搞核试验相提并论，认为此举是模拟对美国进行核打击的“罕见而昂贵的行动”。无独有偶，此时正值美国、挪威、英国等国军队在北极地区进行为期 5 周的海上军演，同时美军和北约等共 14 个国家的 1.5 万名军人正在挪威进行一场名为“寒冷反应”的军演。由此不难看出，北极争夺战的火药味越来越浓，在北极拥有传统优势的俄罗斯不会甘心示弱。

山姆叔雄心勃勃

美国在北极地区有着攸关的经济、地缘和安全利益，觊觎北极主导权已久。针对俄罗斯咄咄逼人的行动，美国毫不示弱，大有迎头赶上的决心，加入争夺战并分一杯羹的意图昭然若揭。在美国两党精英阶层中都极具影响力的政府智囊机构大西洋理事会就曾多次围绕北极问题召开专题研讨会，最近一次是在 2016 年 2 月，主题为“制订美国的北极日程”，可见美国对北极地区战略地位的重视程度。

美国从 20 世纪 90 年代即开始强化在北极的军事力量。在北极的“大门口”阿拉斯加部署了反导弹系统，并且强化了在北冰洋沿岸的海岸警卫队，美国军舰和核潜艇更是经常出没在巴伦支海以及北极地区密切监视俄罗斯，进行侦察活动。美国海军早在 2009 年就制订了第一份开发北极的计划和路线图，预想在本世纪 30 年代中期前将军舰部署到北极水域。美国国防部于 2013 年 11 月发布长期性战略《北极战略》，拟将其作为美国处理北极地区安全和利益问题的行动指南，计划提前十年进军北极。促成《北极战略》的真正原因是近年来的气候变化致使北极冰层融化加速，更多经过北极的海上新航线即将开通，北极地区商业运输和旅游业的发展将日益活跃，今后对北极地区的资源开采也将增加，意味着风险增加。这一战略也是美国适应北极地区新的局势变化、加强该地区军事力量和设施规划的表现。2015 年 8 月 30 日至 31 日，美国国务院主办的北极问题国际会议在阿拉斯加召开。这次部长级会议由美国国务卿克里主持，美国总统奥巴马出席并发表讲话。如此一来，奥巴马成为首位访问北极地区的美国总统。随着近年来北极地区局势迅速发生变化，美国坚持加大介入力度，确保主动地位。2015—2017 年，美国担任北极理事会轮值主席国，为其提供了影响该理事会议程、增强在北极的存在、赶超俄罗斯的绝佳机会。

俄罗斯在北极有 40 艘破冰船，而且计划再投入 11 艘。而美国在北极的破冰船已经由 7 艘减少到 3 艘，而且是老旧船只，其中只有一艘是大型破冰船。美国在北极与俄罗斯展开较量的第一步就是更新和增加破冰船，缩小与俄罗斯之间悬殊的“车马”差距。不过，大型破冰船耗资巨大，通常一艘价格高达 10 亿美元，而现在美国政府正处于财政吃紧的境地，国内经济状况也不足以一次性负担如此高的一笔开支，因此美国计划中的新破冰船何时能服役仍无法确定。

担任北极理事会轮值主席国期间，美国将利用对加拿大、挪威、丹麦等北极圈附近盟友的影响力和引导作用，主导北极地区的航运、资源、渔业等领域的标准制定和实际操作。2015 年 8 月，美国国务院在阿拉斯加高调召开以“北极全球领导力大会：合作、创新、接触和弹性”为主题的北极会议，美国总统奥巴马亲自出席，会议结束后对北极地区进行了为期三天的访问。会上，美方着力于气候变化、适应性规划和北极事务合作等北极地区各国迫切关注且美国享有既定优势的议题，成功地展示了美国在上述议题和事务中的领导能力和“旗手”角色，增强了在相关问题上的话语权。

访问阿拉斯加州期间，应当地政治人士和企业提出的利用当地油气资源平衡财政赤字、发展经济、提高人民生活水平的要求，奥巴马谨慎允许美国公司在北极周边的海域进行油气开发，其中壳牌集团已获准在石油储量高达150亿桶的楚科奇海钻油。同时，极地旅游业也成为发掘北极经济价值的重要切入点。2015年9月，美国豪华游轮公司推出一条从阿拉斯加州出发，穿过北极西北航道，最终到达纽约的新航线，在为期32天的时间里，带领游客们领略独特的北极风光。

近年来，美国在北极加强军备，彰显军事存在，美俄关系变得更冰了。2008年以来，俄罗斯逐步加强在北极的军事部署，重开空军基地，恢复防空雷达站，建造新潜艇。美国也越来越坐不住，为了争夺北极地区的控制权，不惜“武装到牙齿”。路透社甚至认为美俄双方“在为战争做准备”。据英国《每日电讯报》报道，俄罗斯国防部计划建设的北极基地能让150名士兵在不与外界接触的条件下持续驻扎一年以上。俄罗斯近来在北极地区的海军演习规模空前，有的演习甚至出动8万名士兵和220架飞机。美国总统奥巴马2016年则推动国会拨款支持破冰船领域的“关键投资”，投入30亿美元建造3艘新船。美国现有41艘核动力潜艇能在北冰洋面破冰航行或在冰面下潜行。此外，16家美国情报机构大部分都已安排分析师专门从事北极领域的工作。近日美国和北约在挪威举行空前规模的“寒冷反应”军事演习，俄罗斯马上宣布计划在北极地区进行近25年来最大规模的核潜艇导弹试射，针尖对麦芒，互不相让，加剧了北极地区的紧张局势。

小伙伴跃跃欲试

早在20世纪50年代后期，加拿大就首先宣布对北极地区拥有主权。国际法庭判定如果其他国家在100年内无异议，北极就会成为加拿大的领土。然而美国、欧盟和丹麦都声称，北极圈内的水道应属于公海海域，并不支持加拿大的主权主张。2003年，丹麦宣布北极小岛汉斯岛属于丹麦，并多次派军舰登岛。2004年，加拿大国防部长陪同军队登上该岛，宣示对北极的主权，引起丹麦强烈抗议。同年夏天，加拿大耗资 400 万美元在北极地区进行了“独角鲸”军事演习，这次并不成功的演习暴露了加拿大北极巡逻作战能力的不足。此后，加拿大加大投入，建成了雷索卢特湾的全天候训练中心，增加武装巡逻人员，更新巡逻部队装备，建设深水港为巡逻舰补给燃料，用实际行动向全世界宣示：“加拿大在北极的存在是真实的，不断增强的和长期的。”2009 年，加拿大组建了用于北极作战的部队。2013 年 12 月，加拿大向联合国申请将其大西洋海疆大幅扩大，甚至表示有意将北极点包括在内。加拿大前总理哈珀曾直言：“北极主权问题上不存在争议，北极是我们的资产，北极属于加拿大。”近日，加拿大总理特鲁多针对俄罗斯对北极的声索表示，“一个国家的地理边界应当由制图师和科学家决定，而不是由政治家来决定，俄罗斯总统普京关于北极圈领土的主张将被证明是错误的”，再次说明加拿大在北极地区的权益博弈中姿态仍然强硬。

作为北极国家之一的丹麦曾经围绕汉斯岛和加拿大“缠斗”，也在罗蒙诺索夫海岭是否是俄罗斯北部地区大陆架的自然延伸问题上力寻证据。当前各国纷纷强化在北极地区的军事存在也给丹麦军队带来了新的挑战。丹麦政府决定在 2010—2014 年间组建北极联合指挥部，部署北极快速反应部队，监视和威慑各国在北极地区的活动。1996 年参与建立了北极理事会这一国际组织，积极探讨北极行为准则。但随着美俄逐渐在北极地区形成对峙，丹麦除了“选边站队”之外很难再发挥举足轻重的作用。挪威和俄罗斯在北极地区的合作与冲突有着很长的历史，双方在巴伦支海地区围绕着大陆架、经济区和外大陆架等问题产生了划界争端。此外，挪威曾于 2006 年向联合国大陆架界限委员会递交申请，对北极很大一部分海域提出了领土要求，目前同样在积极收集北冰洋海底数据。在国际合作方面，作为北约国家，挪威自然和美国、欧盟结成同盟，主要通过联合举行军事演习、开展合作科考等实现北极利益。

后　记

《世界热点怎么看》自2013年出版以来，得到了社会各界和广大读者的肯定和好评，已成为广大干部群众了解国际热点问题的重要参考读物。我们也将持续关注研究世界热点问题，以鲜明的中国立场、中国气派、中国风格，深入解析热点事件背后的政治博弈，帮助读者看懂世界大势、把握全球政治走向。

在编写过程中，当代世界研究中心副主任胡昊和党建读物出版社社长王英利及有关领导和编辑多次商讨，就内容、提纲及体例文风等进行了专业细致地交流。具体参加本书编写工作的有：胡昊、孙炳辉、徐栩、李鼎鑫、李世鹏、赵明昊、林永亮、郑东超、张伟杰、黄蕊、王勋和聂胜权，胡昊具体组织了编写和统稿等工作。

书中涉及的资料和数据，均来自公开发布的权威资料。在编写过程中，亦参考借鉴了国内外一些研究成果，在此一并表示诚挚谢意！不当之处，诚请有关专家和广大读者批评指正。

编　者

2016年6月